発達障害を考える
心をつなぐ

感覚統合あそび

発達の気になる子の
学校・家庭で楽しくできる

川上康則 監修

ナツメ社

はじめに

授業中にずっとソワソワ、落ちつきなく身体を揺らして勉強に集中できない。対人コミュニケーションが苦手で、友達の輪に入れず、1人あそびに固執する。知能には問題がないように見えるのに、読み書きが極端に不得意だったり、身体の動きがぎこちなく、始終どこかにぶつかったり、友達とトラブルになったりする子もいます。

しつけが悪かったのだろうか、性格や知能に問題があるのだろうか……。子どもの見せるさまざまな「つまずき」の様子に、心配や焦りを感じている方は多いのではないでしょうか。

「子どもとは落ちつきのないもの」「自然とうまくできるようになる」とおおらかに子どもを見守ろうという考えがあります。また、逆に、文字が苦手ならひたすら書く練習をするなど、訓練や努力によってそれを克服させようという考え方もあります。けれども、本当に大切なのは、子どもが何につまずいているのかをきちんと見つめ、理解することから始めることではないでしょうか。

本書では「触覚」「平衡感覚（バランス感覚）」「固有感覚（筋肉や骨を動かす感覚）」という3つの「感覚」に着目し、その観点から子どものつまずきの理由を分析し、それぞれの子どもに合った合計125のあそびを紹介しています。教室や校庭で友達と一緒に楽しめるもの、家で家族と一緒にできるもの。かた苦しい「練習」ではなく、あそびながら楽しんで続けられるものばかりです。

あそびやゲームを楽しみながら、それぞれの「つまずき」の原因となっている感覚を、バランスよく育てていくことがこの本の目的です。子どもにとっては楽しくあそべて、保護者や先生にとっては、子どもの「つまずき」の特性をより深く理解できる仕組みになっています。

目的を明確にしたトレーニングを、楽しみながら行うことで、子どもは着実にのびていきます。「今までできなかったことができるようになった!」その達成感が、子どもにも、周囲の大人にも自信を与えます。

「これおもしろそう」「やってみたいな」。まずはそんなきっかけから、いろんなあそびを試してみてください。そして子どもをよく観察してみてください。今までに見えなかった新たな子どもの姿が、見えてくるのではないでしょうか。

川上康則

本書の使い方

第1章 理論のページ
第1章では、基礎的な理論について紹介します。

感覚統合で大切な3つの感覚(触覚、平衡感覚、固有感覚)には赤、ピンク、オレンジのテーマカラーを設けました。ほかのページで出てきても、色の破線を引いてわかりやすく示しています。

このページの感覚を発達させるのに適したあそびが、何ページで紹介されているかを示しました。

第2・3・4章 あそびのページ
第2〜4章では、感覚統合のトレーニングになるあそびを紹介します。第2章には「学校」で、第3章には「外」で、第4章には「家庭」で楽しめるものを集めました。

どんな子に適したあそびか、関連の深いものから順に示しました。

アレンジ例は、子どもが興味をもったものから取り入れてください。

経過を記録する 付録
巻末に、3つの感覚の状態をチェックするシートを用意しました。あそびの前後、あるいは3か月おきなど定期的に繰り返し記録して、子どもの発達過程を見守ってください。

見通しをもってあそびに取り組めるよう、その目的や期待できる効果の例を示しました。結果は子どもによってさまざまです。

飽きずに続けるコツや、子どものタイプに合わせた取り組み方など、指導に役立つポイントをまとめました。

3

はじめに ……………………………… 2
本書の使い方 ………………………… 3

第1章 子どもの つまずきを知ろう

無意識に使っている感覚 ……………………… 8
感覚の使われ方の個人差 …………………… 10
3つの感覚
　● **触覚** ……………………………………… 12
　● **平衡感覚** ……………………………… 14
　● **固有感覚** ……………………………… 16
感覚を統合しながら成長する ……………… 18
ボディイメージと空間認知 ………………… 20

子どもの姿
1　姿勢が悪い・落ちつきがない ………… 22
2　すぐに手が出る・乱暴で強引 ………… 24
3　食べ物の好き嫌いが多い・
　　食べるのに時間がかかる ……………… 26
4　順番やルールが守れない・
　　自分勝手な行動が目立つ ……………… 28
5　身体の動きがぎこちない・
　　すぐ、ものにぶつかる ………………… 30
6　手先が不器用・図工や絵が苦手 ……… 32
7　板書に時間がかかる・
　　文章がスラスラ読めない ……………… 34
8　整理整頓が苦手 ………………………… 36
9　集団行動が苦手・大きな音を怖がる … 38
10　ピョンピョン跳ぶ・ブランコで激しく揺れる … 40

column 1
視覚・聴覚の働きと感覚統合 ……………… 42

CONTENTS

第2章 感覚統合あそび「学校で、楽しく!」

あそびのポイント ……………… 44
- 1 絵の具ペタペタ ……………… 46
- 2 クルクル回転いす ……………… 48
- 3 自分でバランスボール ……………… 50
- 4 揺らされバランスボール ……………… 52
- 5 どすこい投げ ……………… 54
- 6 タオルでキャッチボール ……………… 56
- 7 肋木(ろくぼく)のぼり ……………… 58
- 8 トランポリンジャンプ ……………… 60
- 9 マットでゴロゴロ ……………… 62
- 10 平均台をわたろう ……………… 64
- 11 ボール運びアラカルト ……………… 66
- 12 丸太になろう ……………… 68
- 13 ぞうきんウォーク ……………… 70
- 14 シンクロ描画 ……………… 72
- 15 机の下をトンネル探検 ……………… 74
- 16 破ってくぐって新聞紙 ……………… 76
- 17 鉛筆あやつり ……………… 78

column 2
昔あそびには感覚刺激がいっぱい! ……………… 80

第3章 感覚統合あそび「外で、元気に!」

あそびのポイント ……………… 82
- 18 砂あそび、はじめの一歩 ……………… 84
- 19 片足立ちバランス ……………… 86
- 20 ブランコでユラユラ ……………… 88
- 21 長なわジャンプ ……………… 90
- 22 バケツで砂あそび ……………… 92
- 23 なりきり鉄棒 ……………… 94
- 24 フラフープキャッチ ……………… 96
- 25 動いてストップ! ……………… 98
- 26 うんていブラブラ ……………… 100
- 27 すべってストップ! ……………… 102
- 28 すもうでハッケヨイ ……………… 104

column 3
感覚統合を意識して逆上がりに挑戦! ……………… 106

第4章 感覚統合あそび「家庭で、毎日！」

付録

あそびのポイント ……………… 108
29 背中クイズ ……………… 110
30 ねんどであそぼう ……………… 112
31 押し当てあそび ……………… 114
32 ふとんで巻きずし ……………… 116
33 シーツブランコ ……………… 118
34 回転バレリーナ ……………… 120
35 振り子アタック ……………… 122
36 忍術「隠れ身」 ……………… 124
37 的当てチャレンジ ……………… 126
38 動物ウォーク ……………… 128
39 タオルで柔軟体操 ……………… 130
40 おはじきシュート ……………… 132
41 コインを入れよう ……………… 134
42 グー・チョキ・パーあそび ……………… 136

触覚防衛反応チェックシート
チェックリスト ……………… 138
三角のレーダーチャート／ボディマップ ……………… 139

平衡・固有感覚チェックシート
眼振を確認する／
タンデム歩行をする ……………… 140
図形を模写する ……………… 141
片足立ちをする／
円の中央に着地する ……………… 142
国語辞典の冊数を当てる／
はかりで力をはかる ……………… 143

子どもの
つまずきを
知ろう

第 1 章

無意識に使っている感覚

自覚しやすい「五感」とそれ以外の「感覚」

　私たちは、日常的にさまざまな「感覚」を使って暮らしています。「五感」といわれる「視覚」「聴覚」「嗅覚」「味覚」「**触覚**」は、自分で意識しやすい感覚です。一方、ほとんど自覚せずに使っている感覚もあります。身体のバランスをとるときに使う「**平衡感覚**」、身体の動きをコントロールするときに使う「**固有感覚**」などがその例です。

　「**触覚**」には、実際にふれて感じる機能のほかに、無意識に使っている本能的な機能もあります。

　本書では、人が生まれたときから普段ほとんど自覚せずに使い続けている3つの感覚に着目します。3つの感覚は、私たちの日常生活においてとても重要な役割を果たしています。

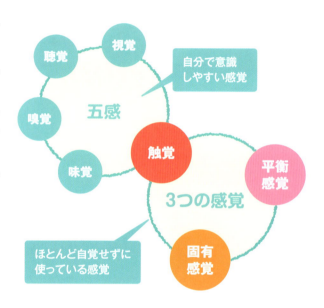

まっすぐ列に並ぶときに使う感覚

　学校の朝礼などでまっすぐ列に並ぶという行動を例に考えてみましょう。

　前後の人との距離を把握して自分の立ち位置を決めるには、視覚や**平衡感覚**を使います。また、一定時間まっすぐ動かずに立つには、体の動きを調整する**固有感覚**がかかわります。前後の人との距離感の「ちょうどよさ」をつかむには、**触覚**（本能的な機能）もかかわってきます。

「平衡感覚」と「視覚」で得た情報から、ほかの人との距離を推しはかる。

「固有感覚」を使って、関節の曲げのばしや筋肉の張り具合を調節する。

人の感覚には、自覚できる五感だけでなく、普段、無自覚で使っている大切な感覚があります。いつ、どのように使っているのか、具体例を見ていきましょう。

3つの感覚をバランスよく使えるように

　牛乳パックからストローで牛乳を飲むという行動も、同様の視点で見ることができます。

　こぼさずに上手に飲むためには、まず、牛乳パックを握りつぶさないよう、かといって落とすこともないよう、力を加減して持つ必要があります。これには、**固有感覚**や**触覚**を使います。牛乳パックの重さから残りの量を推しはかるためには、**触覚**、**平衡感覚**、**固有感覚**の3つが同時に関係します。

　また、ストローの位置を把握するのには視覚と**平衡感覚**が、ストローの先をちょうど口の位置へ持ってくるのには、**平衡感覚**と**固有感覚**が働き、唇でストローをとらえるときには、**触覚**も働きます。

　これらの動作を、私たちはほとんど意識することなく行っていますが、それは3つの感覚（**平衡感覚**、**固有感覚**、**触覚**）が適切に働いているからできることなのです。この3つの感覚をバランスよく使うことができるように子どもの発達をサポートしていこうというのが、「感覚統合」の考え方です。

主に「平衡感覚」と「視覚」でストローの位置をとらえる。

主に「触覚」でストローの感触をとらえ、唇で挟む。

主に「固有感覚」を使って力加減を調節し、パックをつぶさずに持つ。

感覚の使われ方の個人差

感覚の違いがその人らしさにつながる

　人はそれぞれに感じ方に違いがあります。
　例えば、生まれながらに微細な音を聞き分ける聴覚が敏感で、それが音楽的センスに結びつく人がいる一方で、聴覚が敏感すぎて、大きな音や運動会のピストルなどの破裂音、子どもの泣き声などに強く防衛反応を示す人もいます。
　また、嗅覚が鈍感で、いつも強い香水の香りをまとっている人がいる一方、嗅覚が過敏で、洗剤のにおいさえ気になるという人もいます。
　その反応の違いは、大胆、強引、慎重、引っこみ思案などといった性格的な個性に結びつくことがあります。また、ときには感覚が敏感すぎたり鈍感すぎたりすることが、ほかの人とのトラブルの原因になることもあります。そういった「感覚の使われ方の個人差」は、どんな人でも多少は抱えているものなのではないでしょうか。

刺激を受け入れるコップの大きさ

　刺激を受け止める様子をコップにたとえて説明します。
　前述の聴覚過敏がある人は、コップの大きさが小さい状態にたとえられます。正常反応の人からすれば特に気に留めるような音でないとしても、聴覚過敏の人にとっては、コップが飽和状態になり、耐えがたい刺激情報になります。
　ブランコなどの遊具に延々と乗りたがる、普段から落ちつきがなく、室内を走りまわるなどの様子がよく見られる子の場合、**平衡感覚**のコップが大きい状態にたとえられます。不足している部分を埋めるかのごとく、自分で**平衡感覚**に感覚情報を入れているのですが、その姿が、「落ちつきがない」という誤解につながってしまうこともあります。

感覚が敏感　◀ー ー ー ー ー ー ー ー ー ー ▶　感覚が鈍感

感覚のコップが小さくて、少ない情報量でもあふれてしまっている状態。

コップの大きさに対して、情報量がほどよく収まっている状態。

感覚のコップが大きく、情報量が足りていない状態。

感覚刺激の受け止め方の違いが、人の個性や能力の発揮に結びついていくことがあります。
子どものつまずきも、そんな個性の1つととらえ、理解していくことが大切です。

■ 子どものつまずきを招く、感覚のアンバランス

「**平衡感覚**」「**触覚**」「**固有感覚**」の3つの感覚は、周囲から見ても認識しにくく、アンバランスさを抱える人の大変さは、なかなか理解されていません。発達障害があったり、気になる行動を見せたりする子どもたちが、どうしてそのような行動をとるのかを考えるときにはぜひ、この3つの感覚を注意深く見てみてください。

例えば、8ページでふれた「まっすぐ列に並ぶ」という動作では、**平衡感覚**が低い反応（鈍感）だと、バランスをまっすぐに保って立つということ自体が難しく、フラフラ落ちつきなく揺れたりする行動（自己刺激行動）が見られます。

固有感覚が低い反応（鈍感）で、筋肉の張り具合を調整するのが苦手な子もいます。体幹のコントロールが難しく、クニャクニャとしてすぐ座ってしまうことがあります。まわりからは「だらしない」「態度が悪い」と見られてしまうこともしばしばです。しかし実際には、子どもの気もちがたるんでいるわけではなく、姿勢のあり方が、よくわからないだけということも少なくないのです。

9ページの「牛乳パックからストローで牛乳を飲む」という行動では、**固有感覚**が鈍感だと、力の入れ方の微調整がきかないために、パックを強く握りしめて中身を噴きださせてしまったり、パックを持つ力が不十分で落としてしまったりすることがあります。

また、**触覚**が過反応（敏感）であるために、牛乳にあるわずかな粘性が苦手で、牛乳を飲むという行為そのものを拒否するようになってしまった子がいます。牛乳が嫌いなわけではなくとも、ストローの感触が苦手、紙パックのにおいが苦手、という子もいます。

このように、同じように見える行動でも、その理由は何通りも考えられます。いくつもの「感覚のアンバランス」が絡み合っていることもあります。

子どもを理解するためには、まず、自覚せずに使っている3つの感覚「**触覚**」「**平衡感覚**」「**固有感覚**」について詳しく知る必要があります。そのうえで子どもの姿を観察すると、つまずきの背景が見えてきます。

それぞれの感覚がどんな役割を果たしているのか、次のページから見ていきましょう。

本能的な働きをする「触覚」

「識別系」と「原始系」、2つの機能

触覚は、触ったものの形や素材などによってそれが何であるかを認知する「識別系」の機能と、対象物が自分にとって有害なものかどうかを瞬時に判断する「原始系」の機能を備えています。

「識別系」の機能とは、いわゆる一般的な**触覚**のことです。例えば、いろいろなものが入っているポケットの中から手探りでコインだけを取り出すなど、目で確認しなくてもふれたものの素材や形、大きさなどを認知します。

一方、「原始系」の機能は、瞬時に敵を感じて攻撃、逃走したり、えさになるものを判断してパッと取りこんだりという、本能的な感覚の使われ方に由来しています。

本能的に身を守る「触覚防衛反応」

他人にふれられるのをいやがって押しのける、服の特定の素材に拒否反応を示す、苦手な触感の食べ物を吐きだすなどの行動は、「原始系」の触覚反応によるものです。これを「触覚防衛反応」といいます。

成長していくにつれ、触覚防衛反応は軽減されていくものですが、なかには適切な発達支援を行わなければ、なかなか軽減できないケースもあります。どちらの場合も、「識別系」の**触覚**の経験を重ねることで情報が整理され、「原始系」の反射的な行動にブレーキをかけることができるようになることで、触覚防衛反応が軽減されます。

社会性の土台に

幼い子どもにとって、自分を愛し、守ってくれる存在とのふれあいは非常に重要です。必要な時期に愛情あふれたスキンシップを得ることで、愛着や共感の気もちが生まれ、それが社会性へとつながっていきます。ところが、触覚防衛反応があると、この親子の愛着や共感の土台がなかなか築けません。育てにくいなと感じたり、子育てを満足にできていないと感じることから、いら立ったりすることもあります。悩む前に知識としてしっかり理解しておきましょう。

皮膚全体にセンサーを張り巡らせている触覚は、ふれたものを識別するだけでなく、危険を察知するなど本能的な情動のスイッチにもなります。

触覚につまずきがあると……

触覚が**鈍感**だと

- 何かにぶつかったり、けがをしたりしても痛がらず、平気でいる
- うでに歯形をつけるほど強くかむなど、自傷的な行動をする
- つめや鉛筆をかむ
- 手にふれたものをすぐ口にする
- 食べ物をよくかまずに飲みこむ
- 他人との程よい距離感をつかめず、近づきすぎる

など

※これらの様子は、触覚が敏感な子が見せることもあります。

触覚が**敏感**だと

- 自分から人をさわることはできるのに、人にさわられるといやがる
- 頭をなでられたり、手足をさわられたりするとビクッとする
- 帽子、マスク、靴下をいやがる
- つめ切りや髪を切られるのが苦手
- 服の素材やえりの具合など、衣服への違和感が強く、服装へのこだわりが強い

など

触覚のバランスを整えよう

つまずきを軽減するには、<u>触覚</u>を使った経験をていねいに積み上げ、識別系の働きを活性化していくことが大切です。敏感な子にとっては、識別系の<u>触覚</u>を整えることで、原始系にブレーキがかかります。例えば、頭を触られるのをいやがる子にブラッシングをするときに、ブラシを持つ子どもの手に大人が手を重ねます。こうすることで、能動的な動きに他者が介入する時間を作りだすことができます。

関連トレーニング

P.46　P.52　P.54　P.56　P.58　P.60　P.62　P.64　P.66　P.68　P.74
P.76　P.78　P.84　P.90　P.92　P.94　P.100　P.104　P.110　P.112
P.114　P.116　P.118　P.124　P.126　P.128　P.130　P.134　P.136

1 子どものつまずきを知ろう

2 感覚統合あそび「学校で、楽しく！」

3 感覚統合あそび「外で、元気に！」

4 感覚統合あそび「家庭で、毎日！」

13

バランスにかかわる「平衡感覚」

姿勢や眼球運動をコントロール

　平衡感覚は身体がバランスをとるときに働く感覚で、主に姿勢のコントロールにかかわっています。耳のなかにある三半規管や耳石器と呼ばれる部位がセンサーとなって、重力や加速度を感知し、身体のバランスを調節します。例えば身体が右に傾いたときは、筋肉の張り具合を調節する**固有感覚**と連動して左側の筋肉の張り具合を高め、頭を垂直に保つように調整します。

集中力や学習意欲にも影響

　上の絵のように、いすに姿勢よく座っていられたり、教科書や教材をしっかり見て、黒板の文字を書き写したりできるのは、**平衡感覚**がきちんと働いているおかげです。**平衡感覚**につまずきがあると、視線の動きや姿勢が安定しないため、学習に集中できなくなることも。学習意欲や生活態度の安定に、非常に重要な役割を果たす感覚です。

視線を安定させるセンサー

　平衡感覚は眼球の動きにも作用しています。
　顔の前に人さし指を立てて、目で見てください。この人さし指を左右に振ると、指がぶれて見えます。次に、同じスピードで人さし指ではなく顔を左右に振ってください。指はあまりぶれずに見えます。これは、**平衡感覚**が頭の傾きを感じ、視線を安定させているためです。デジタルカメラの手振れ防止機能のような役割です。

身体の揺れや傾き、回転などを感じとり、身体のバランスをつかさどる感覚です。身体のバランスの変化に応じて、目の動きや筋肉の緊張、姿勢などをコントロールします。

〈 平衡感覚につまずきがあると…… 〉

平衡感覚が鈍感だと

- 姿勢をまっすぐ保てない
  （▶22ページ）
- 板書が苦手、ノートがとれない
  （▶34ページ）
- 頭や体をいつも動かしている
- 目の前で手をヒラヒラさせてずっと見入っている
- 視線を定められず、人の目を見て話せない
- まわる遊具やブランコなどが大好きで、はなれようとしない
  （▶40ページ）

など

平衡感覚が敏感だと

- 乗り物酔いをしやすい
- 文字などの読み飛ばしが多い
  （▶34ページ）
- 動く遊具が怖い、嫌い
- 頭を傾けたり身体が傾いたりするのをいやがる
- 警戒心が強く、集中を保てない
- 高いところや足場の不安定なところを怖がる

など

平衡感覚を調整しよう

平均台やトランポリンでバランスをとるあそびは、**平衡感覚**を育てます。平衡感覚が敏感な子はそのようなあそびをいやがることがあります。そんなときは、小さな段差から跳び下りる、スケートボードに腹ばいで乗るなど、本人が安心してあそべる環境を作ることから始めましょう。

関連トレーニング

P.48　P.50　P.52　P.54　P.56　P.58　P.60　P.62　P.64　P.66　P.68
P.70　P.72　P.74　P.76　P.84　P.86　P.88　P.90　P.92　P.94　P.96
P.98　P.100　P.102　P.104　P.116　P.118　P.120　P.122　P.126
P.128　P.130　P.132

1 子どものつまずきを知ろう

2 感覚統合あそび「学校で、楽しく！」

3 感覚統合あそび「外で、元気に！」

4 感覚統合あそび「家庭で、毎日！」

運動にかかわる「固有感覚」

筋肉や関節にある感覚のセンサー

　動いているときも、止まっているときも、私たちは無意識のうちに筋肉の収縮や関節の曲げのばし具合を調節しています。そのときに、関節をどれくらい曲げているか、筋肉をどれくらい張っているかを感じるのが「**固有感覚**」です。

　例えば、重さの違う2つの箱を持ち上げたとき、私たちはどちらが重いかがわかります。これは持ち上げたときの、うでの筋肉の張り具合の差を感じとっているからです。また、目をつぶったままで「グー・チョキ・パー」などの手の形を作ることができるのも、関節の動きをイメージできるからです。

アクセルとブレーキの働き

　固有感覚の働きを実感してみましょう。右の絵のように、人さし指を立てて目をつぶります。そのまま、指と指がふれあうところまで近づけてみてください。どうですか？　うまく指と指を合わせることはできましたか？　視覚、聴覚、嗅覚、味覚はここでは使っていませんね。指と指がふれあった瞬間に**触覚**が働きますが、そこまでの運動コントロール全般には**固有感覚**の働きが関与しています。

　このように、**固有感覚**は身体を動かすときのアクセルやブレーキのような役割をしています。子どもはあそびや生活のなかで経験を重ね、少しずつ動かし方を学んでいくものですが、適切な発達支援を行わなければ学べずじまいにとどまりやすい子もいます。

固有感覚は、筋肉の張り具合や関節の曲げのばしを感じとる感覚です。自分の身体の位置や動きを把握し、身体を動かすことができます。

固有感覚につまずきがあると……

固有感覚が**鈍感**だと

- 細かな動作が苦手 （●32ページ）
- 力加減が調節できず動作が乱暴 （●24ページ）
- 何かにぶつかったり転んだりしやすい （●30ページ）
- 動きを模倣するダンスなどが苦手 （●30ページ）
- 姿勢が悪く、ダラダラして見える （●22ページ）
- 文字がうまく書けない （●32ページ）
- 常に身体に力が入っている
- コツコツと机をたたいて音を出すなど、自己刺激的な行動が見られる

など

> 固有感覚を意識しよう

よじのぼったり、しがみついたり踏んばったりといった、身体を動かすあそびが苦手なのは、**固有感覚が鈍感**なためかもしれません。鉄棒にぶら下がる、ジャングルジムによじのぼる、すもうあそびをするなどの活動を、積極的に取り入れましょう。身体全体を使うこと（粗大運動）で、手先の器用さ（微細運動）も向上します。

関連トレーニング 　P.48　P.50　P.52　P.54　P.56　P.58　P.60　P.62　P.64　P.66　P.68
P.70　P.72　P.74　P.76　P.78　P.84　P.86　P.88　P.90　P.92　P.94
P.96　P.98　P.100　P.102　P.104　P.112　P.116　P.118　P.120
P.122　P.124　P.126　P.128　P.130　P.132　P.134　P.136

17

感覚を統合しながら成長する

何げない経験の積み重ねが、学習や運動の機能に

触覚、**平衡感覚**、**固有感覚**は、生来的に働いているといわれています。これら3つの感覚をまとめて基礎感覚と呼びます。

日々の生活のなかで、基礎感覚に視覚と聴覚を加えた5つの感覚をバランスよく使いながら、さまざまな活動を行います。その行動がまた新しい感覚刺激を生み、それが新しい活動につながり……と積み重ねていくことで、子どもはより複雑な行動や対応ができるようになっていきます。

生まれて間もない赤ちゃんは、まだ自分の身体を自由に動かすことができません。聴覚でお母さんの声を聞き、**触覚**でおっぱいをとらえて吸い、だっこされることで**平衡感覚**や**固有感覚**にも刺激を受けています。これらの刺激が感覚の育ちを支える栄養素となり、寝返りやお座り、ハイハイ……と、少しずつ自分の身体をコントロールできるようになっていきます。

1歳を過ぎるころには、自分の周囲にいる人や周囲にあるものに興味を示したり、自分なりに働きかけたりするようになります。そして、人とのかかわりや多様なあそびを体験しながら、感覚を複合的に使い、より複雑な運動機能や思考力、学習能力、自己制御、コミュニケーション能力などを獲得していきます。

見えている子どもの姿は氷山の一角

普段私たちが学校や家庭で目にする子どもの姿は、氷山の一角。その「土台」となっているのがこの5つの感覚なのです。これらはいわば積み木で作ったピラミッドのようなもので、土台となるいちばん下の積み木が1つでも抜けたり、不安定だったりすると、2段目、3段目の発達が脆弱になり、感情や学習態度、生活態度にまで影響を及ぼしてしまうことがあります。氷山の一角に出てくる子どものさまざまなつまずきを、「土台」から見直していく。それが感覚統合の考え方です。

基礎となる感覚が関係し合い、より複雑な機能を築きながら、運動や学習の力が積み上がっていきます。見えている姿は氷山の一角であり、実はその土台となる感覚の育ちが重要になります。

● 感覚統合が学習や運動の力を支える

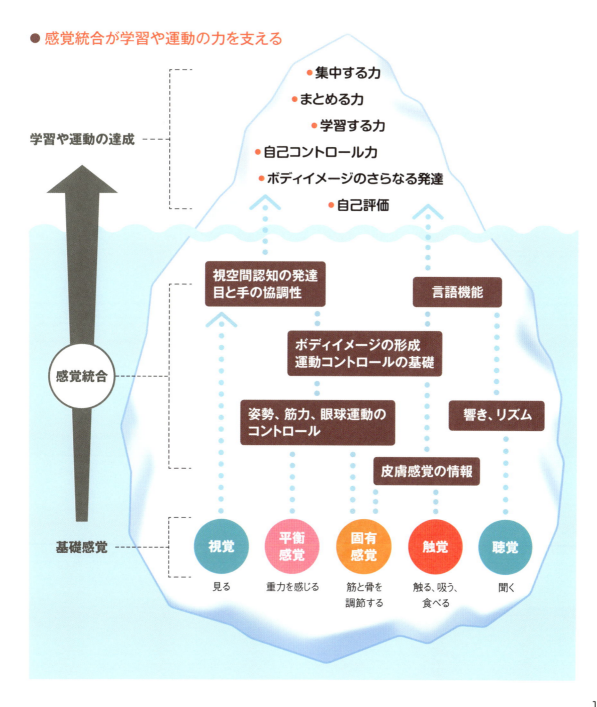

ボディイメージと空間認知

「ボディイメージ」は身体の自己像

　基礎感覚が統合されることで作られていく能力のなかで、特に理解しておきたい２つを紹介します。

　１つは、「ボディイメージ」です。**触覚、平衡感覚、固有感覚**のすべてを使って、自分の身体に対する次のようなものを実感します。

① 自分の輪郭　② 自分の身体の大きさ
③ 自分の身体の傾き具合
④ 身体の力の入り具合
⑤ 手足や指の関節の曲げのばし具合

　混雑した人ごみを、人にぶつからないように歩けるのは、ボディイメージのおかげです。また、雨の日にかさをさした状態で、人とすれちがうときにぶつからないようにできるのも、かさの先端までを自分の身体の一部だと認識できるだけのボディイメージが育っているからだといえます。

　精神的な自己像を「自我」とするならば、ボディイメージはいわば、身体的な「自己像」です。一般的には、６歳ぐらいで基本的なボディイメージが形成されます。

　ボディイメージがうまく育たないと、学校生活のなかでさまざまな困難さを抱えます。人との距離感を調節できずトラブルが多い、体育が苦手、手先を器用に動かせないなどです。これらの原因を周囲が正しく理解しておかないと、本人も「できない」ことで運動や学習への意欲が削がれ、自己肯定感が育ちにくい状況に陥ってしまいます。

● ボディイメージが形成されている状態

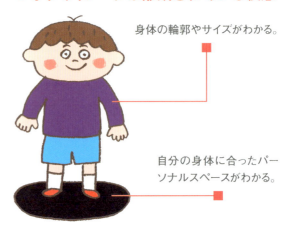

身体の輪郭やサイズがわかる。

自分の身体に合ったパーソナルスペースがわかる。

● ボディイメージが乏しい状態

身体の輪郭やサイズがわかりにくい。

他者との距離感がわかりにくい。近づきすぎていても気づけない。

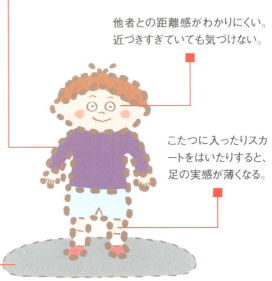

こたつに入ったりスカートをはいたりすると、足の実感が薄くなる。

パーソナルスペースを広くとらないと落ちつかない。

基礎となる感覚を統合させることで、さまざまな能力が形成されます。ここでは、特に理解しておきたい「ボディイメージ」と「空間認知」を紹介します。

位置関係を把握する「空間認知能力」

　もう1つ理解しておきたいのが「空間認知能力」です。これは空間にしめるものの大きさ、高さ、広さ、位置などを把握する力のことをいいます。3つの基礎感覚と視覚、聴覚が関連しながら発達し、外界を把握する力が育つのです。

　野球のバッティングの場面を例にとれば、打者はボールを目でとらえるだけでなく、その大きさ、スピード、自分の身体との距離感までを把握しています。これは主に視覚を使って情報を集めているため「視空間認知」と呼ばれます。

　また、私たちは後ろから声をかけられたときに、目で見えない相手でも、その声の大きさなどから相手との距離感を把握することができます。これは主に聴覚を使っているため「聴空間認知」と呼ばれます。

　私たちは、自分の身体の動きとボールの位置を両方把握してはじめて、バットをボールに当てることができます。また、おしゃべりするときには、相手との距離やまわりの雰囲気を考えながら、声の大きさを調節します。つまり、自分の身体を把握する「ボディイメージ」と、まわりの空間を把握する「空間認知能力」の両方を発揮することで、状況に適したふるまいをしているといえます。

空間認知
ボールの位置や
スピードをとらえる。

ボディイメージ
身体をコントロールして、
タイミングよくバットを振る。

気になる行動を、感覚統合の視点で理解する

　子どもたちの「気になる行動」を、感覚統合の視点で見ていくと、それぞれにちゃんと理由があるのがわかってきます。表面的な行動だけを見て、「だらしがない」「努力が足りない」などと言うだけでは何も育たないばかりか、子ども自身が成長しようとする機会すら奪ってしまうことにもなりかねません。

　さて、次のページからは、学校で目にする機会の多い「子どもの気になる姿」を紹介します。その姿のなかにどんなつまずきが潜んでいるのか、1つ1つていねいに見ていきましょう。

　感覚のつまずきを改善するための第一歩は、まわりの大人がそれを見過ごさず、「どんなつまずきが隠れているのかな」と考えること、そしてサポートの方法を探っていくことなのです。

子どもの姿 1｜姿勢が悪い 落ちつきがない

授業中に姿勢が崩れたり、いすを傾けたりなど、落ちつきがない様子が見られます。「態度が悪い」「だらしない」と思われがちです。

「態度が悪い」と見なされ意欲をなくしてしまう

　授業中、机に頭を横たえたり、だらりと身体を投げだすようにうつぶせたりなどして、まっすぐに姿勢を保って座ることができない子がいます。「態度が悪い」「やる気がない」と評価されがちです。

　いすの背もたれにひじをかけて、下半身を前に投げだすように座る態度が、横柄で反抗的な態度に受け取られてしまうこともしばしばです。その原因を本人の性格のせいにされたり、家庭のしつけの問題にされたりしてしまうことも少なくありません。

　また、じっと座っていることができず、いすを浮かしてガタガタならしたり、貧乏ゆすりをしたりなど、落ちつきのない態度もよく見られます。キョロキョロ、ソワソワして、ときには何の理由もなく席を立ってフラフラと動きまわることもあり、ほかの友達からも迷惑がられてしまいます。

　学習に集中することができないため、本人もやる気を失うという悪循環に陥ってしまいます。

特徴1 机の上に頭を横たえてしまう

特徴2 いつもソワソワ落ちつかない

特徴3 いすをガタガタならす

どうして？ 固有感覚の調整力不足で「低緊張」に

筋肉や関節の動きを感じとる**固有感覚**がうまく働いていないと、姿勢が崩れてしまう姿がよく見られます。筋の張り具合（筋のトーン）を一定に保つことが難しいことを「低緊張」と呼びます。安定した姿勢を保つことができないため、授業に集中することも苦手です。

授業中なのにいすの上で正座や体育座りをするような子も、低緊張な子が姿勢を保ちやすくするための行動だと考えられています。

どうして？ 平衡感覚が鈍感で不安定なコマ状態に

いつもソワソワ、落ちつきなく身体を揺らしてしまう行動には、**平衡感覚**のつまずきが考えられます。**平衡感覚**が鈍感な子は、いつも自ら動きを作ることで、調節をとろうとしていると考えられています。

この状態の子どもは、いわば不安定な状態を保ちながらまわるコマのようなもの。ソワソワ、フラフラと動きながら、なんとか身体のバランスを保とうとしているのです。クルクルと勢いよく回転したと思ったら、突然回転をやめてグニャグニャする、そんな様子も見られます。

指導のヒント！ 自己肯定感が子どもをのばす

自分の姿勢や身体の動きを自覚しにくい子どもは、「姿勢が悪い」と言われても、どのような姿勢をとれば大人が納得するのかよくわかりません。しかられたことに傷つき、自己肯定感を失うばかりです。大切なのは、下記のような取り組みなどで、自分で「姿勢の崩れに気づく」仕組みを作ってあげることです。悪いところよりも、よいところを見つけ、「今の姿勢はいいね」などと声をかけていくことが大切です。

小さな自信を育てることで、子どもの表情もいきいきとしてきます。

実践アイデア

背中で手を組む

授業の節目で、手を背中で組んで、いすの背につけるポーズを作りましょう。自然に背筋がのび、おなかに力が入ります。

机の下に「足置き」を作る

いすの足に棒を取りつけておくと、足で自然と棒を踏もうとするので、正しく足を置けます。足の位置が整うと、自然と姿勢も整います。

詳しく知ろう ➡ 平衡感覚 ▶ P.14、固有感覚 ▶ P.16

子どもの姿 2｜すぐに手が出る 乱暴で強引

突然、友達をけり飛ばしたり、たたいたりしてしまいます。もしかしたら、力加減がわからなかったり、自分を守りたいだけかもしれません。

考えるより先に手が出てしまう

攻撃的な行動が目立つ子がいます。友達が楽しくあそんでいるなかに突然割りこんで妨害したり、思いどおりにいかないと相手を突き飛ばしたりします。自分勝手な子、乱暴な子と見られやすく、周囲の友達に怖がられたり、避けられたりします。

このタイプの子は、友達にちょっかいをかけるのも好きです。いきなり背中をバンと強くたたいて相手を驚かせたり、髪の毛を引っぱったりなどして、相手を泣かせてしまうこともよくあります。

一方、さほど乱暴なタイプに見えないような子でも、だれかにふれられたときや、すぐ近くまで近寄られたときに、突然相手を突き飛ばしたり、ときには、かみついたりひっかいたりするような行動を見せる子もいます。

自分のテリトリーに他人が入りこむことを極端にいやがり、拒否的にふるまうタイプです。

特徴1 すぐに手が出る

特徴2 ものを受け取るときに強引

どうして？ 力の加減がわからず乱暴に

固有感覚につまずきがある子の場合、力の強さを自分でうまく調節できないので、「乱暴」「すぐに手が出る」という印象を与えてしまいます。

また、筋肉の張り具合や関節の角度を一定に保つことが難しいので、ものの扱いが乱暴だったり、じっとしていられず、ゲームの途中なのに待つことを放棄してどこかへ行ってしまったりすることも。そのため、非常に自分勝手で強引な印象を与えてしまいます。

どうして？ 「触覚防衛反応」から攻撃的な態度に

触覚が敏感であるがゆえに「乱暴」と思える行動をとることがあります。原始的な**触覚**が強く、自分の周囲の気配や、人との距離に対してとても敏感で、不意に自分に近づく人や、自分のテリトリーのなかのものを奪おうとする他者に対して、攻撃的な態度がとっさに出てしまうのです。これを「触覚防衛反応」といいます。

触覚防衛反応は、自分のペースを守ろうとする反応です。そのため、気に入った友達や先生にべったりまとわりついてはなれないなど、自分が好きなものに関しては過剰に執着して、自分のテリトリーに引きこもうとする行動をとる場合もあります。

指導のヒント！ ルールを納得して守れるように

身体能力は高いけれど、身体の動きをコントロールできない。静かに黙っていることやおとなしく座り続けることが苦手な子どもには、思いっきり身体を動かす機会を作るのが効果的です。第3章の「外で、元気に!」を参考にしながら、力の入れ具合をコントロールしていく力を育てましょう。

実践アイデア

友達づきあいのコツを伝える

トラブルを起こしやすい子の行動をよく観察してみましょう。行動のレパートリーが少なく、ワンパターンで強引なかかわり方しかできない……そんな様子は見られませんか？

友達の輪に入りたいのに、無理やり割りこんでしまうタイプの子には、「まず相手の名前を呼んで、『入れてくれる?』って聞くんだよ」と、輪に入る手順を伝えましょう。

すぐに手を出してしまう子には、「相手に気づいてほしいときは、これくらいの強さで、やさしく肩にトントンね」と、実際にやって見せます。「手を出す」行動をしかるだけでは行動は変わりません。よりよい行動パターンを具体的に伝えることで、手を出さなくてもすむようになっていきます。

詳しく知ろう → 触覚 ▶ P.12、固有感覚 ▶ P.16

子どもの姿 3

食べ物の好き嫌いが多い
食べるのに時間がかかる

嫌いなものがあると、給食の時間が終わるころになっても食べ終えることができません。食べこぼしや食べあそびが見られます。

食事のつまずきにも感覚が関係している

　食事の時間の「気になる行動」も、感覚のつまずきが原因になっていることがあります。

　例えば、野菜嫌いでご飯と肉ばかり食べる、嫌いなものが少し入っているだけで、まったく口をつけないなど、偏食が目立つ子がいます。一方で、気に入ったものばかり繰り返し食べる傾向も見られます。

　また、食べるのにとても時間がかかる子もいます。そしゃくに時間がかかり、いつまでも飲みこまないで口を動かしています。「全部食べるまで席をはなれてはいけない」などのルールのもとでは、昼休みや掃除の時間にまでくいこんでしまうことがあります。

　食器やスプーン、はしなど食具の扱いが苦手で、食べ散らかしが多く、服や机を汚してしまうという子もいます。なかには、これらの特徴がいくつも当てはまる子もいます。

特徴1　偏食

特徴2　食べるのが遅い

特徴3　食べこぼしなどが目立つ

26

どうして？ 触覚が敏感で食感になじめない

好き嫌いの多い子のなかには、味の違いに敏感な子がいます。いつもと同じだと安心するのです。また、味だけではなく、舌触りや歯触りなどの食感になじめずに、食べ物を拒否してしまう子もいます。口のなかの**触覚**が敏感なことが原因です。ヌルッとしたもの、ベトベトしたもの、かたくて、なかなかかみきれないもの、グニャグニャしたものなど、それぞれに苦手な感触があります。

無理に口に入れてもすぐ吐きだしてしまい、抵抗感が高まってしまうことがあります。まずは少しずつ時間をかけて、受け入れられる範囲を広げるようにし、**触覚**の敏感さをやわらげていくことが大切です。

どうして？ 食べる機能が育っていない

固有感覚が未発達だと、口のなかで食べ物をかんで細かくしたり、細かくしたものを舌でまとめたり、飲みこんだり、ということがうまくできないことがあります。繊維質の多い野菜をいつまでも飲みこめず口のなかにためこんでしまう姿などは、**触覚**や**固有感覚**のつまずきが背景にあるかもしれません。

また、手指の動きをコントロールするのが苦手で食具をうまく使えずに食べこぼしてしまう子や、姿勢を保つのが苦手で食事になかなか集中できない子もいます。

指導のヒント！ 少量でもOK！食事は楽しく

食事は楽しい時間です。「身体にいいんだから」「みんな食べているんだから」という理由で無理やり食べさせることは、その子を「食事をする楽しさ」から遠ざけてしまいます。

食感が苦手なら、「唇に当てられたらOK」「ひとかじりしてみる」というふうに達成できそうな目標を立て、その努力を認めて応援することから始めてみてください。食事の時間を好きになるのが、第一歩です。

舌に当てられたね。進歩進歩！

実践アイデア

食べやすい環境を作る

「○○が嫌い」と本人が思いこんでしまう前に、その子の食べにくさを解消する工夫をしてみましょう。家庭なら、野菜をやわらかく煮たり、飲みこみにくいものはとろみをつけたりします。学校では調理の仕方までは変えられませんが、盛られたものを細かく切る、器を変えるなどの工夫をするだけでも、食べられるものの幅が広がります。

なぜ食べたがらないのか、その原因をていねいに探っていきましょう。

詳しく知ろう ➡ **触覚** ▶ P.12、**固有感覚** ▶ P.16

子どもの姿 4 | 順番やルールが守れない 自分勝手な行動が目立つ

みんなで決めたあそびのルールが守れない。列に割りこんで自分ばかり何度もあそんでしまうなど、勝手な行動が目立ちます。

自分勝手な行動で周囲から孤立してしまう

あそびやノートチェックの場面で、強引に列に割りこむ子どもがいます。楽しいことを見つけると「早くあそびたい」という気もちでいっぱいになって、ほかの友達のことが目に入らなくなり、順番を無視してしまうこともあるかもしれません。「早くやりたい」「1番にやりたい」という気もちをもつことは決して悪いことではありません。しかしその一方で、鬼ごっこで鬼になると抜けてしまったり、トランプで負けただけで泣きだしてしまうなど、くやしさをコントロールすることができない姿も見られます。

ルールを守っておとなしく並んでいた子は、そんな友達を見て「ずるい」「自分勝手」と感じ、腹を立てることがあるかもしれません。

同じく「自分勝手」に見える行動として、他人にかかわろうとせず、ブロックあそびや砂あそびなどを1人黙々とやり続けている子もいます。だれかと一緒にあそぶ、集団で行動するなどが苦手なために、自分のペースを貫こうとします。

特徴1 列に割りこむ

特徴2 時間や順番などのルールを守れない

特徴3 友達とあそばず1人あそびに夢中になる

どうして？ 身体を制御できずこだわりが強くなる

　順番を待てずに列に割りこむなどの強引なふるまいの原因の1つとして、**固有感覚**の未発達が考えられます。じっと身体を静止させていることができないため、ほかの子を押しのけるような行動になってしまうのです。行動は出なくても言葉の攻撃性としてあらわれることもあります。

　身体の動きのコントロールの難しさは、感情のコントロールの苦手さにつながることがあります。我慢できない気もちが態度に出やすく、また自分の想定外の結果を柔軟に受け入れられないといった特徴が出やすくなります。

どうして？ 聴覚、触覚が敏感で人とのかかわりが苦手

　聴覚や**触覚**が敏感な子のなかには、人と一緒に何かをすることが苦手で、他人とかかわらず1人で行動することを好む子がいます。近くに他人がいるだけで、圧迫感のようなものを感じてしまうようです。このような子は、人にじゃまされず自分のペースを守りたい、他人に乱されたくないという強い気持ちがあります。一見乱暴に見える場合も、触覚防衛反応が関係していないか確認しましょう。

指導のヒント！ ルールの意味を説明する

　ルールを守れない子どもの多くは、ルールそのものをきちんと理解できていない場合があります。ただしかるのではなく、「今は○○くんの番だよ。その次が君の番ね」などと現状をていねいに説明し、まずルールの意味を子どもに納得させることが大切です。

実践アイデア

くやしい気もちを代弁する

　勝負の場面で負けたときにくやしい気もちを抑えるのは、その子にとってハードルが高いことなのかもしれません。それよりも、感情を上手に消化し、外に出すことが大切です。

　「くやしいね。あとちょっとだったね」「負けたけど最後までがんばってたよね」など、くやしい気もちを受け止めて、次の機会に前向きにチャレンジできるように言葉がけをしていきましょう。大人が気もちを代弁するだけでも、気もちの切りかえのきっかけになります。

詳しく知ろう ➡ 触覚 ▶ P.12、固有感覚 ▶ P.16

| 子どもの姿 5 | 身体の動きがぎこちない すぐ、ものにぶつかる |

体操やダンスを覚えるのが苦手で、運動に苦手意識があります。日常生活でも、よくものにぶつかるなど、動きのぎこちなさがあります。

運動が苦手で動きがぎこちない

　身体の動きがぎこちなく、体操やダンスなどで教師の動きを模倣する活動が苦手な子がいます。音楽に合わせてリズムをとるのも苦手で、スキップなどの動作がスムーズにできません。

　走っている姿を見ても、身体の一部に過剰に力が入りすぎているなど、どこかぎこちなく、速く走ることができません。こういう子は、ボールやなわとびなど、道具を使うスポーツが苦手なために、みんなのあそびの輪に入りたがらないということもあります。

　生活の場面では、身体を机にぶつけたり、ものをよく落としたりします。転んでもすぐに手が出ないためよくけがをします。友達にぶつかったり、食事中にお皿をひっくり返してしまうこともあります。いつもどこかに何かをひっかけているような、危なっかしい印象を人に与えます。

特徴1 動作の模倣で混乱してしまう

特徴2 すぐにものにぶつかる

固有感覚が鈍感で身体がうまく動かせない

固有感覚が未発達な子は運動全般が苦手な傾向があります。筋肉の張り方や関節の角度の微調整がきかないために身体の動きがどうしてもぎこちなくなってしまうのです。

運動をスムーズに行うには、身体のバランスを調節する**平衡感覚**も重要です。特に、体操などで他人と同じ動きをすることが苦手なのは、姿勢や関節の角度のコントロール力の弱さが強く関係しています。自分の身体のバランスをうまくとれないことに加えて、**平衡感覚**と反射回路で結ばれている眼球運動の困難さも関係します。対象となる動きに対して反応が遅れてしまうことがあります。

ボディイメージが弱く距離感がつかめない

日常生活でいつもぶつかったり、転んだりして身体の動きがいつもぎこちないのは、ボディイメージ（▶20ページ）が十分に形成されていないことも原因の1つと考えられます。ボディイメージの形成が不十分だと、周囲にある机や動く他者などの位置を把握する「視空間認知」もうまく機能しません。

指導のヒント！ 動きの"終点"を意識する

ボディイメージが未発達な子は、動きの"終点"を意識することを心がけることで、ものを落としたり引っかけたりするトラブルを減らすことができます。ものを置くとき、せまいところを通り抜けるときなど、最後まで自分の動きを見届けるようにします。ほかの子のようにうまくできなくても焦らず、まわりの大人は「ゆっくりやろうね」「急がなくて大丈夫だよ」と声をかけましょう。

実践 アイデア

段階を小さく設定して達成感を

ダンスや体操などをまねしようとしても、うまくいかず、やる気をなくしてしまう。そんな子には、「まず手だけ合わせてみよう」「リズムだけ合わせようか」と、運動を小分けにして、達成可能な目標を設定しましょう。小さな成功体験を増やすことで自信をもち、意欲をふくらましていきます。

また、左右対称の動きは身体のコントロールが苦手な子にとっても比較的簡単です。

その子のペースに合わせて、楽しみながらステップアップしていけるよう、工夫しましょう。

詳しく知ろう ▶ 平衡感覚 ▶ P.14、固有感覚 ▶ P.16

子どもの姿 6

手先が不器用 図工や絵が苦手

手先が不器用で、プリントを角をそろえてまっすぐ折ったり、文字をノートのマス目のなかにうまくおさめて書いたりすることが苦手です。

細かい作業が苦手で学習にも影響

　手先が不器用で、プリント類をきれいに半分に折ることができません。すぐグシャグシャにしてしまいます。

　折り紙や、はさみ、カッターを使う工作、絵に色を塗る、リコーダーの演奏など、細かい指の動きが必要な作業は全般的に苦手です。ボタンを留めたり、靴ひもを結んだりすることも苦手で、「身だしなみを整えることができない、だらしない子」という印象を与えてしまうこともあります。

　不器用さは、生活面だけではなく、学習面でもつまずきを生みます。

　鉛筆をしっかり持ったりコントロールしたりすることができず、字をきれいに書けない子がいます。文字の大きさがバラバラになってしまったり、マス目や枠線から字がはみだしてしまったり。消しゴムをかけるときに力の強さをコントロールできず、ノートを破いてしまうことがあります。ノートをうまくとれないことが、学習への苦手意識につながっていくこともあります。

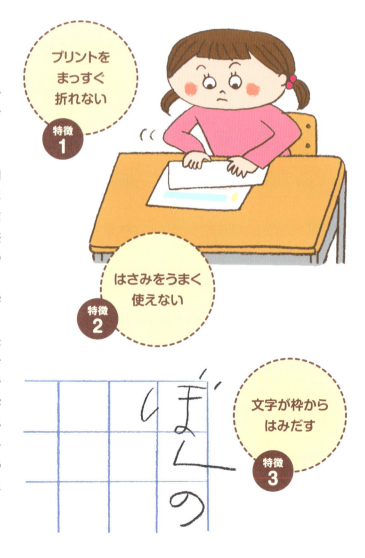

特徴1 プリントをまっすぐ折れない

特徴2 はさみをうまく使えない

特徴3 文字が枠からはみだす

手指の機能分化ができていない

　背景要因の1つとして、微細運動を可能にする手指の機能分化ができていないことが考えられます。動きや力の入れ具合の微調整が難しく、道具をうまく使うことができません。また苦手意識から手指の操作を伴う課題に対して消極的になり、経験が不足しがちになります。

　多くの子はボディイメージが乏しく、このことは手もとに対する注意力の持続にも影響を及ぼします。書道の時間に墨で汚してしまう範囲が広がったり、工作で手に傷を作ってしまうこともあります。

平衡感覚や触覚が原因になることも

　のりや絵の具を使う作業が苦手な子は、**触覚**が敏感である可能性も考えられます。ベタベタした感触や、手に絵の具がついてしまうことに嫌悪感を覚えてしまうために手をうまく使えません。

　また、プリントや折り紙をきれいに折ったり、字をマス目のなかにきちんとおさめたりできないことの理由には、**平衡感覚**のつまずきや、眼球の動きがうまくコントロールできないことも考えられます。このことについては、「子どもの姿7」(▶34ページ)で詳しく説明します。

指導のヒント！　ていねいさに注目する

　不器用な子は、「うまくできない」という不安が緊張感を呼び、ますます焦って雑になったり、失敗をしてしまうことがあります。作業の速さよりもていねいさに注目し、「じっくりやっているね」「ていねいにできたね」と声かけをしていきましょう。1つ1つていねいに成し遂げる努力を認めましょう。

◎ 実践 アイデア ◎

使いやすい道具を選ぶ

　子どもの不器用さをサポートするために、道具選びを見直してみましょう。ベタベタしたものを嫌う子には、スティックタイプののりが適しています。はさみなら、少しの力で切ることができる「ライトウエイト・シザーズ」や持ち手の大きな「ロングループ・シザーズ」、カッターなら簡単にまっすぐ切れる「ロータリーカッター」など、さまざまな道具があります。その子に合った道具を選びましょう。

詳しく知ろう ➡ 触覚 ▶P.12、 平衡感覚 ▶P.14、 固有感覚 ▶P.16

子どもの姿 7

板写に時間がかかる
文章がスラスラ読めない

黒板の文字をノートに写すことが苦手で、時間がかかってしまいます。
文章の読み飛ばしや読み間違いも目立ちます。

文字を書いたり読んだりが苦手

　黒板に書いてあることをノートに書き写すのに、とても時間がかかる子がいます。なぜなら、視点の移動に無駄が多く、集中が続かないのです。

　やっと書けても、文字の形が間違っていたり、まっすぐに書けずに文字の列がゆがんでしまったりします。漢字の書き取りでは、つくりとへんが逆になることがあります。漢字の形を覚えることや、覚えた字を思いだすことが難しいこともあります。

　音読も苦手です。言葉を区切る場所がぎこちなかったり、読み飛ばして次の行へ移ってしまったりします。

　黙読をしても、行や文字の読み飛ばしがあったり、簡単な言葉を読み間違えたりすることがあり、読むことに一生懸命になりすぎると、内容理解が進みません。テストでは、質問文を読むのに時間がかかり、理解できている問題でもつまずいてしまいます。

特徴1 板写に時間がかかる

特徴2 教科書の読み飛ばし・読み間違いが多い

どうして？ 眼球運動のコントロールが難しい

平衡感覚の使い方に課題があると、それに付随して目の動きのコントロールがうまくいかないことがあります。見ようとする対象を目でとらえることが苦手だったり、板書の書き写しのように頭部が動くと視線が安定しないということが起きたりします。一度視線がはずれると、もとの場所に再び焦点を合わせることが難しいということも起こります。

教科書の読み飛ばしや読み間違いには、こうした眼球運動のつまずきが影響していると考えられます。ただし原因は１つではありません。

どうして？ 文字のバランスを読み取れない

平衡感覚や**固有感覚**がしっかりと機能していない場合、文字をまっすぐに並べられない、文字の右と左を的確にとらえることが難しいなど、学習面の課題が表面化することがあります。

読み書きのつまずきの背景要因の１つは、このような感覚の使い方の課題があるかもしれません。子どもの姿をよく観察し、そこに潜むつまずきを読み解く視点が求められます。

指導のヒント！ 目の使い方を改善しよう

ノートがうまく書けない、文字がうまく読めないからといって、その子の理解力が低いと判断するのは危険です。自分で読んだり書いたりするのは苦手でも、授業の内容を十分に理解し、習熟には問題ない子も多くいます。

「もっとていねいに読みなさい」「正確に書きなさい」と文字の読み書きを繰り返し訓練させても、根本的な改善にはつながりません。平衡感覚に適切な感覚情報を入れることによって、目の使い方を改善することが大切です。

実践アイデア

リーディングスリットでを使う

読み飛ばしが多い子には、余計な情報を隠して、読む行だけを表示する「リーディングスリット」を使ってみましょう。ボール紙などで簡単に作れます。

また、色のついたクリアファイルにプリントを入れて、文字の色と紙の色の差を縮めることで、読みやすくなる場合もあります。紙の白色は膨張色なので、色がつくと文字がはっきり見えるようになるのです。

詳しく知ろう ➡ 平衡感覚 ▶ P.14、固有感覚 ▶ P.16

35

子どもの姿 **8**

整理整頓が苦手

使ったものをもとに戻せず、身のまわりがいつも散らかっています。机のなかもいつもグシャグシャ。忘れ物、なくし物が多いです。

「いいかげん」と見なされてしまうことも

　机やかばんのなかがいつもグシャグシャになってしまう子がいます。教科書やノートは折れ曲がり、ところどころ汚れています。古いプリントをいつまでも捨てずにためこんでいます。

　使ったものをもとどおりの場所に片づけることが苦手で、何をどこにしまったかをすぐに忘れてしまうという特徴が見られることもあります。

　学習能力は決して低くないのに……という場合、整理整頓ができないのは、「ふざけているからだ」とか「いいかげんな性格だ」などと見なされてしまうことがあります。

特徴1 大事なプリントをなくす

特徴2 使ったものをしまえない

特徴3 机のなかがグシャグシャ

どうして？ 空間の把握や位置関係のつまずき

視空間認知力（●21ページ）に課題があり、全体的な生活空間を見わたして把握することが難しいということが原因の1つにあげられます。「この大きさのものはここに入らない」という判断が苦手で、効率のよいものの置き方や、空間の上手な使い方ができないのです。与えられた空間におさまりきらないものを無理やりしまいこもうとする姿からも、視空間認知の弱さを読み解くことができそうです。

どうして？ 注意力の発達に関係する基礎感覚

注意力が散漫で気が散りやすく、途中で別のことが気になってしまい最後まで片づけられないということも、原因の1つとして考えられます。

自分の持ち物と人の持ち物の区別があいまいになってしまい、うっかり人のものを持ち帰ってしまう子もいます。これには注意力のつまずきが関係していることがあります。こうした注意の機能の発達には、**触覚**や**固有感覚**の使い方が関係しているといわれています。

また、脳に一時的に情報を記憶して、その情報をもとに行動するすることが苦手な子もいます。そういう子は、優先順位をつけて順番にものごとを片づけることが苦手です。

指導のヒント！ 整理整頓は大まかな分類から

整理整頓の苦手な子どもは、高いレベルを求めると、やる気をなくして投げだしてしまい、苦手意識をますますつのらせてしまいます。

片づけの目的は、必要なときに必要なものをすぐ使えるようにすることです。あまり細かい作業を要求せず、「よく使うものを入れる箱・あまり使わないものを入れる箱」「大きいもの・小さいもの」というように、大まかな分類から手助けしていきましょう。

子どもが日々の生活を心地よくスムーズに行えるような環境を、できるところから、一緒に作っていくことが大切です。

実践 アイデア

イラストやラベルをはる

空間把握の感覚をつかむには、言葉や行動の促しよりも視覚情報の提示が効果的です。

どこに何をしまうか、ひと目でわかるように、イラストや写真、ラベルなどを活用しましょう。例えば道具箱の底に、しまうべき場所にしまうべきものの写真をはっておくと、ひと目でしまう場所がわかります。

ロッカーは片づいているときの状態を写真に撮ってはっておく。ひと工夫するだけで、子どもはグッと整理しやすくなります。

詳しく知ろう ➡ 触覚 ▶ P.12、平衡感覚 ▶ P.14、固有感覚 ▶ P.16

子どもの姿 9 | 集団行動が苦手 大きな音を怖がる

ザワザワとした広いホールや、人が多くいるような場所が苦手で、大きな音などを怖がり、1人でいることを好みます。

1人勝手な行動をしているように見える

　朝礼や運動会など、たくさんの人が集まる場が苦手で、ふらっと抜けだしてしまう子がいます。よくいえばマイペースですが、実際は、他人に合わせることが難しいため、集団が大きくなるほど参加が難しいようです。

　マイルールで勝手に動いてしまうところもあります。そのため、友達の輪に入らずに1人であそんでいる姿もよく見られます。

　また、音が響くようなホールや、ザワザワした人混みが苦手という子もいます。そんな子は大きな音を過剰に怖がるような敏感さをもっているために、運動会のピストルの音や、警報器の音など、突然なり響く大きな音には、恐怖のあまりパニックを起こしてしまう場合もあります。

特徴1 みんなと同じように行動できない（朝礼や式典などで）

特徴2 ザワザワとした広いホールや人混みが苦手

特徴3 大きな音を怖がる

どうして？ 触覚の過敏さによる「触覚防衛反応」

触覚が敏感だと、「触覚防衛反応」が働き、朝礼や集会など、たくさんの人が密集しているような場所にいることに不安を感じてしまいます。そのため、普段と違う場や、予測のつきにくい活動をいやがるのです。

触覚防衛反応による不安感は「我慢しなさい」と言って我慢できるものではありません。その子に受け入れられる範囲の活動を重ね、少しずつ受け入れられる範囲を広げていけるようにしましょう。

どうして？ 聴覚が過敏で人混みを避ける

触覚だけではなく、聴覚過敏のある子の場合も、例えば体育館やホールなど、音の響きが普段と違って感じられる場所や、ザワザワとした人混みなどが苦手です。警報器の音など、突然の大きな音にも強い拒絶反応を示します。

静かで落ちついた環境を好むため、友達と一緒にいるより1人でいることを好みます。神経質で内気に見える子もいれば、不安傾向の強さゆえに、「こっちに来ないで!」「あっちに行って!」などの強い表現で拒否、抵抗を示す子もいます。

詳しく知ろう ➡ 触覚 ▶ P.12

指導のヒント！ 少しずつ近づけるように

集団でいるのをいやがる姿が見られたら、無理にその場にいさせるという指導を見直すところから始めましょう。落ちついた気もちで参加できているかどうかがポイントです。

苦手な原因は、本人も説明できないことが多いので、大人が注意深く読みとることが必要です。そして、場合によっては、苦手の対象にできるだけ近づけないなどの対応を考えます。

子ども自身が「自分は何が苦手なのか」を自覚し、相手に伝えられるようになることも大切です。

実践 アイデア

部分的なかかわりから始める

朝礼や式典が苦手な子には、無理に参加をさせず、例えば、ホールの外から様子を見させる、後ろのほうで、先生と一緒に参加するなど、部分的、間接的なかかわりから始めましょう。

「今日は1歩だけ前に出ようか」など、本人が安心できる範囲を少しずつ広げていくことを目指します。

先週より少し近づけたね

子どもの姿 10 | ピョンピョン跳ぶ ブランコで激しく揺れる

落ちつきがなく、飛び跳ねたりまわったりしている姿がよく見られます。また、大型の遊具などに長時間乗り続けます。

1人で回転したり飛び跳ねたり……

　1人でピョンピョン飛び跳ねていたり、同じところでグルグル回転している子がいます。放っておくといつまでもやめようとしません。

　ブランコや、まわる大型の遊具、つり遊具なども大好きです。ブランコなどは、見ていて心配になるほど激しく大きく揺らします。

　これ以外にも、以下のような行動をとることがあります。

- 高いところによじのぼる
- 窓から身を乗り出す
- いすをわざと不安定な状態にして座る

　「危ないからやめなさい」と制したくなるような行動ばかりで、見守る大人は目がはなせません。

　一見すると奇妙に見える行動ですが、感覚刺激の不足分を自分で補おうとする自己刺激の1つだと考えるようにしましょう。

特徴1　ピョンピョン飛び跳ねる

特徴2　グルグルまわる

特徴3　ブランコや大型遊具で激しくあそぶ

どうして？ 刺激を求める「自己刺激行動」

ジャンプを繰り返したり、クルクルまわるあそびにこだわったり、ブランコでびっくりするほど大きくいつまでも揺れているような行動は、**平衡感覚**が鈍感な子どもに多く見られます。感覚刺激を求めて、自ら刺激を入れているのです。このような行動を「自己刺激行動」といいます。

反対に、ブランコや高い場所を過剰に怖がる子もいます。これは、**平衡感覚**が敏感すぎるのが原因です。

どうして？ 感覚の鈍感さが自己刺激行動の原因

自己刺激行動はほかにどのようなものがあるでしょうか。

授業中のつめかみ、鉛筆かみなどは**触覚**に対する自己刺激行動として知られています。筆箱のふたの開け閉めを無意識のうちに繰り返すなどは、**触覚**と**固有感覚**に対する自己刺激行動であるといえそうです。

「奇妙」に見える行動が繰り返し、度を越しているなと感じたら、しかってやめさせようとする前に、感覚につまずきがないか考えてみましょう。

指導のヒント！ 楽しみながら感覚を整えて

自己刺激行動は、悪いことではありませんが、自分で刺激を入れ続けていても"感覚のコップ"（●10ページ）はなかなか満たされません。そこで、感覚統合あそびを通してコップを満たす経験を増やしましょう。

感覚刺激は自分で入れるより、他者に入れてもらったほうが強く入ります。第2章以降のあそびを参考にしてください。

◎ 実践 アイデア ◎

参加型の授業に切り替える

教師は、授業中に子どもの落ちつきのない行動が目立ちはじめたら、「飽きてきたんだな、切りかえどきのサインだな」ととらえ、授業に工夫を。

例えば、「自分の答えを隣の人に話しましょう」と、挙手ではなく、全員が参加できる状態を作ります。あるいは、まずみんなを立たせておいて、わかった子から着席させるなど。「切りかえどきのサイン」が見えたら、子どもが主体的に動ける場面を、授業の中に織りこんでいきましょう。

わかったら隣の人と話し合ってみよう

詳しく知ろう ➡ **触覚** ▶ P.12、**平衡感覚** ▶ P.14、**固有感覚** ▶ P.16

視覚・聴覚の働きと感覚統合

column 1

この本では、意識しにくい3つの感覚、すなわち「固有感覚」「平衡感覚」「触覚」をベースにしています。しかし、自分でも使っていることを意識しやすい「視覚」や「聴覚」も、感覚統合の土台となる感覚です。では、具体的にどのような役割を果たしているのでしょうか。

「視覚」とほかの感覚との関係

視覚は、単に目に映ったものを見るだけではなく、ほかの感覚と密接に協調し合ってはじめて、その機能を果たすことができます。

例えば、私たちは身体が傾いたり動いたりしていても、見たいものを目で追ったり、注視したりすることができます（●14ページ）。これは視覚と**平衡感覚**とが連動していることで可能になります。

また、目の動きと手を連動させる、「目と手の協応」といわれる機能もあります。これは、認知の発達の土台となる機能で、手指の動きを目で見ながらコントロールできはじめた状態のことをいいます。

視覚が育っていない場合、光るもの、動くもの、まわるものに注意を奪われてしまい、1つのことに集中しにくくなることがあります。

位置情報もとらえる「聴覚」

聴覚も、単に音を感じるだけではありません。さまざまな音の情報のなかから必要な音を聞き分けたり、**平衡感覚**と協調して、音がした方向や距離を把握することができます（●21ページ）。ダンスや体操のように、音と連動させて身体を動かす場面では、**固有感覚**と聴覚を関連づけながら使います。

聴覚が過敏だと、ささいな音が気になって気が散りやすくなってしまったり、人混みのザワザワした音がいやで、集団行動が苦手になったりします。逆に、聴覚が鈍感だと、大きな音や他人からの呼びかけに気づけないということがあります。

視覚や聴覚に起因するつまずきは、**触覚・平衡感覚・固有感覚**を整えることで改善していくケースがあります。第2章以降では、視覚、聴覚にも効果的なものを数多く紹介していますので、その子のつまずきに応じて意識的に取り入れてみてください。

第2章

感覚統合あそび
「学校で、楽しく!」

あそびのポイント

1 ≫ まずは「楽しい!」と感じられるように

　週に1度だけ支援学級に通っているという子は、毎日継続的にカリキュラムとして取り入れることができません。そんな子にも、まずは感覚統合あそびが楽しいものであること、そしてやると達成感や自信につながるということを感じられるよう、教師がリードしていきましょう。

　学校でできない日も、家庭でできるあそびに取り組んでもらえるよう、保護者と連携しましょう。

2 ≫ 子どもの習熟度や興味に合わせて

　どのあそびがその子に合っているかは、その子が楽しめるかどうかでわかります。あそびの段階が低すぎてはつまらないし、高すぎてもやる気をなくすものです。まずは子どもが興味をもったあそびから試し、段階を調節していきましょう。

　本書で紹介しているアレンジは一例です。子どもに合わせてアレンジを変えたり、順番を変えたりしてください。

3 ≫ 適切な感覚情報が入っているかを確認

　子どもが楽しんで取り組めているようなら、目的とする感覚情報がしっかり入っているかどうか、目を配っていきましょう。ただ取り組めばよいというのではなく、ねらいとする動きができていること、感覚情報が十分に入っていることが大切です。

　あそびの前後で、巻末の付録を使って効果をチェックするのも大切です。

学校で、積極的に感覚統合あそびを取り入れましょう。子どもたちが「感覚統合あそびは楽しい!」「できるようになるんだ!」と感じれば、家庭での継続的なあそびにつながっていきます。

≫「時間」の感覚を意識して

決まった時間に決められたことを行うのが、学校生活の基本です。つまずきのある子は、時間感覚がなかなか把握できないことが多いため、あそびの「始め」と「終わり」を明確に示すことが大切です。「どこまで」「いつまで」やるか、合図や目標をきちんと示し、子ども自身が自分で「最後までやれた」と思える工夫をしていきましょう。

≫友達とあそんで、社会性を身につける

学校であそぶことの大きな魅力が、友達と一緒にできるということです。友達とあそぶ楽しい時間のなかで、ルールやマナー、力加減など、基本的な社会性やコミュニケーション能力が身につきます。

さらに、ゲームでの勝ち負けといった体験を通して、くやしさなどの感情をコントロールする経験も重ねることができます。

≫あそびを学習への興味につなげる

勉強や運動の場でもある教室や体育館でのあそびを通して、子どもは学校という「場」を楽しいものとしてとらえられるようになっていきます。それが学習意欲が生まれるきっかけにもなります。

感覚あそびによって芽生えた興味や、おもしろい、楽しいと感じる気もちを、普段の学習を楽しむきっかけとしてつなげていく工夫をしましょう。

あそび **1** # 絵の具ペタペタ

ねらい 触覚が敏感で、絵の具が手についたり、汚れたりすることに苦手意識をもつ子に対して、少しずつ絵の具が身体につく状態を受け入れられるようにします。受け入れられる範囲が広がっていくと触覚防衛反応が軽減されると考えられています。

基本のあそび方

1 絵の具のなかからいちばん好きな色を選び、皿に出します。好きな色を選ぶことで、絵の具に対する苦手意識が少し軽減できます。

2 指先に少しだけ絵の具をつけて、紙にスタンプのように押し当てます。花などの絵をあらかじめかいておいて、色をつけても。

絵の具を皿に出す。水で溶いてもよい。

グルグル塗ったり、のばして線をかいたりさせてもよい。

こんな効果が！ 触覚への拒否感をやわらげ防衛反応を軽減する

絵の具に苦手意識がある子は、「絵の具のヌルヌルした感触がどうしてもダメ」「手のひらはいいけど、顔につくのは絶対いや!」など、**触覚**に関する拒否感や抵抗感をもっていることがあります。好きな色の絵の具を選択するなど、無理のないところから、感触を受け入れられる範囲を少しずつ増やしていきます。範囲が広がると、触覚防衛反応が軽減され、集団行動にも参加できるようになってきます。

ワンポイントアドバイス 絵の具がつくのをいやがる子には？

触覚が敏感な子は、絵の具が指先に少しつくことすらいやがる場合があります。そのような場合は、紙にではなく、ぬれぞうきんの上にスタンプさせ、すぐに指をぬぐうとよいでしょう。「手についても、すぐにきれいになる」という実感があれば、「またつけてみてもいいかな」と思えるようになります。一方、**触覚**が鈍感な子は、絵の具の手触りが大好きで、はじけたようにやりたがることがあります。それぞれの反応を注意深く見守り、子どもの理解へつなげていきましょう。

こんな子におすすめ
● **触覚**が敏感 ▶ P.12

アレンジ **1**

● 手のひらスタンプ

　手のひらに絵の具をつけて、画用紙などにスタンプします。

　触覚が敏感な子にとっては、絵の具がふれる面積が広くなることで、より難易度が上がります。絵の具の感触を受け入れられるようになってくると、いろいろな色で楽しもうとする姿が見えてきます。

● ボディペイントに挑戦

　絵の具を使って、自分のうでや手のひら、顔などに絵の具をつけます。

　いやがる子は、抵抗感の少ない部位を探して、そこから始めましょう。抵抗がある部位には、押し当てあそび（▶114ページ）などを先に行ってから絵の具を使いましょう。

アレンジ **2**

アレンジ **3**

● つけてもらう

　今度はほかの人に頼んで、筆や指を使って、手やうで、顔などに絵の具をつけてもらいます。

　自分でやるよりも不安や警戒心が強くなり、難易度が上がりますが、受け入れられるようになると、触覚防衛反応が軽減していきます。

---

1 子どものつまずきを知ろう

2 感覚統合あそび「学校で、楽しく！」

3 感覚統合あそび「外で、元気に！」

4 感覚統合あそび「家庭で、毎日！」

あそび 2 クルクル回転いす

ねらい 回転するいすに座ってクルクルまわると、水平方向への回転刺激が平衡感覚に入ります。回転する際に振りまわされないように姿勢を保ったり、背もたれにしがみついたりすることで、固有感覚にも感覚情報が入ることが期待できます。

基本のあそび方

背もたれのあるいすの場合
背もたれのあるいすに、逆向きにまたいで座り、落ちないように背もたれにつかまります。大人がそばに立って、手でいすをグルグルまわします。回転方向を適宜変えながら行います。

途中でパッと止めて、方向転換すると、より強い刺激になる。

平衡感覚が鈍感な子には速め、強めに、敏感な子にはゆっくりと。

いすの車輪止めをきちんと止めておく。

背もたれのないいすの場合
背もたれのないいすを使う場合、座席の部分にうつぶせになると安定します。

こんな効果が！ 平衡感覚を意識することが姿勢の改善につながる

回転するいすに座ると、すぐにクルクル回転させる子どもがいます。日常の姿はどうでしょうか。落ちつきがなくフラフラと動いてしまう、座っているときに姿勢が崩れやすいなどの様子は見られませんか？ こうした姿が**平衡感覚**への感覚刺激を求めている姿だとすれば、他者（大人）から感覚情報を入れられることで、感覚のコップ（●10ページ）が満たされていきます。継続的に取り組むことで、姿勢の改善が期待できます。

ワンポイントアドバイス 子どもの様子を見てやめどきをとらえる

子どもの表情や顔色など、様子をよく観察しながら行いましょう。**平衡感覚**が敏感な子には、ゆっくりまわすなど小さな刺激から始め、気もちが悪いと言ったり、顔が青ざめてきたりしたらやめどきです。鈍感な子には、10分やっても刺激が足りないこともあります。眼振（●140ページ）を確認して回転の速さや回数を見きわめましょう。

こんな子におすすめ
- 平衡感覚が敏感/鈍感 ▶ P.14、固有感覚が鈍感 ▶ P.16

● 数字や絵を読む

いすをまわしながら、数字カードを瞬間的に見せます。子どもにその数字を声に出して読ませます。子どもの好きなキャラクターの絵などを使ってもOKです。

平衡感覚に感覚情報を入れると同時に、視覚を能動的に使います。

アレンジ 1

アレンジ 2

● 手にタッチ

いすをまわしながら、タイミングを合わせて、大人が差しだした手にタッチします。

できるようになったら、タッチのたびに手の位置を変えていきます。

アレンジ 3

● バケツにシュート

床にバケツを置きます。いすが回転している状態で、子どもが大人からボールを受け取ったり、ボールをバケツに投げ入れたりします。

あそび **3** # 自分でバランスボール

ねらい バランスボールを使って、姿勢を保持する力を高めるあそびです。バランスボールに座りバランスを取ろうとすることは、自然に、身体のどの部分にどれくらい力を入れれば姿勢が保てるかを探る活動になります。

基本のあそび方

1 子どもの身体の大きさに合ったバランスボールを用意し、その上に座ります。腰を上下させてバランスボールをバウンドさせます。

2 バランスボールに座ったまま、腰を左右、前後に傾けていきます。子どものペースで、ゆっくりと。自分でどこまでバランスをとれるのか意識させることがポイントです。

足を床につけ、ひざの角度が90度になるように。

ボールにまっすぐ座るのが基本姿勢。

両手を広げると、バランスをとりやすくなります。

おしりと足でボールを押さえるように。

足を広げたほうが安定する。

こんな効果が！ **正しい姿勢は集中力を支える**

バランスボールの上に座り、身体のバランスをとることは、座った姿勢での身体の軸を育てるのに役立ちます。軸がしっかりしてくると、姿勢を保持できるようになり、学習に集中しやすくなっていきます。

ワンポイントアドバイス **足がつかないことを不安に感じる子も**

平衡感覚の感覚刺激に敏感な子は、わずかな揺れでもいやがります。足が床からはなれることも、不安を増長させます。まずは、楽しめる程度を探しましょう。最初は大人が身体を支え、子どもが両うでを広げてバランスをとったら、ゆっくり手をはなします。1人で座れたら「座れたね！」などと成果を認めることで、子どもは自信を少しずつ積み上げて、次へのチャレンジにつなげていきます。

こんな子におすすめ
● **平衡**感覚が敏感/鈍感 ▶ P.14、**固有**感覚が鈍感 ▶ P.16

アレンジ 1

● **片足浮かし・両足浮かし**

バランスボールに座り、まず片足をまっすぐのばしてバランスをとります。それができたら、両足を浮かして、しばらくバランスをとります。
両足の場合は、ひざを曲げたまま、少し床から浮かす程度でOKです。

● **本をパス**

バランスボールに座った子どもの前と後ろに、ほかの人が立ちます。足を浮かしてバランスボールに座った状態で、前の人から本を受け取り、体をねじって背中側の人に本をわたします。

アレンジ 2

アレンジ 3

● **ボールの上で正座**

バランスボールの上で正座をします。怖がる子の場合は、大人がボールを支え、安定してきたらそっと手をはなします。何秒間キープできるか数えましょう。

あそび 4 揺らされバランスボール

ねらい ≫ 平衡感覚や固有感覚が鈍感な子に対して、感覚刺激を満たし、気もちを安定させるためのあそびです。他者に身体をふれられる場面が多いので、触覚の敏感さを軽減することも目標にすることができます。

基本のあそび方

バランスボールにうつぶせに乗ります。うつぶせになった子どもの背中を、大人が押します。

バランスボールに身体を押しつけるようにして、子どもがボールの反発力を感じられるように押す。

怖がる場合、最初は足やひざを床につけた姿勢でもOK。次第に足を浮かせる姿勢に。

こんな効果が！ 感覚刺激を満たす効果とリラックスの効果

バランスボールを使ったあそびをしたことで、貧乏ゆすりが減った、机を指でトントンとたたくなどの常同的な行動が目立たなくなったなどの変化が報告されることがあります。これは、バランスボールによって気もちがリラックスするためだと考えられています。

これらの効果は、すぐにあらわれてくるケースばかりではありません。毎日続けて、「ちょっと変わってきたかな」という小さな変化を見つけましょう。

ワンポイントアドバイス 平衡感覚と一緒に触覚を育てる

触覚が過敏で、他者からふれられることが苦手な子どものなかには、**平衡感覚**に感覚情報を入れるあそびのなかでふれられるのは大丈夫という子がいます。揺れや回転などの感覚情報が入れられることで、外からのほかの感覚刺激も受け止めやすくなるのでしょう。このような視点からも、バランスボールを活用してみてください。

こんな子におすすめ
● 平衡感覚が敏感/鈍感 ▶ P.14、固有感覚が鈍感 ▶ P.16、触覚が敏感/鈍感 ▶ P.12

アレンジ 1
● 両手で身を守る

　バランスボールにうつぶせに乗ります。大人は子どもの背中に手をのせ、ボールごと、子どもの頭の方向にグイッと動かします。床に反射的に手を出せるかどうかを確認します。
　転びそうになったときなど、身を守るために反射的に手が出ることを「パラシュート反応」といいます。

アレンジ 2
● 腰かけてユラユラ

　背後から子どもの脇や腰を支え、ボールを前後左右に揺らします。
　ボールが後ろにいったときは腰を曲げ前屈の姿勢になるなど、バランスをとるコツをつかみましょう。

アレンジ 3
● あお向けに寝る

　バランスボールの上にあお向けに寝転がり、まずは、後頭部をボールにつけてリラックスできるか確認します。次に、手を頭の後ろにのばします。大人はバランスボールを支えながら、落ちない程度に左右に揺らします。

あそび 5 どすこい投げ

ねらい 直接的な感覚統合あそびではありませんが、ボールの投げ方に自信がない不器用な子どものために、上手に投げるためのヒントをまとめました。全身の力をボールにしっかりと伝えるための基礎的な動きを身につけましょう。

基本のあそび方

1 ボールを投げる方向に対して垂直に線を引きます。利き手にボールを持ち、線をまたいで立ちます。

2 重心を利き足側にしっかりと乗せ、「どーす」のかけ声を合図に四股を踏むように足を上げます。「こい!」のかけ声とともに足を踏み下ろします。下ろした足の方向にボールを投げます。

床にテープをはるなどして、投げる方向と垂直に、目印になる線を引く。

投げたボールのゆくえを目で追う。

こんな効果が！ 自信をもって友達とのあそびに参加する

投げる動作は、ボールを使うチームスポーツの基本です。目標に向かって、ねらいどおりにボールを投げられるようになると、自分でも上達を実感し、自信がもてるようになります。友達との外あそびにも、より積極的になることが期待できます。

ワンポイントアドバイス 「投げる」という運動連鎖を体得する

ボール投げが苦手な子は、投げる動作の運動連鎖ができていないということがよく見られます。運動連鎖とは、①重心を利き足側に乗せ、反対の足を上げる→②上げた足が着地して少し遅れて腰が回転する→③少し遅れて肩が回転する→④少し遅れてひじが出る→⑤少し遅れて手が出る、という一連の動きです。こうした流れがあってはじめて、全身の力をボールに伝えることができます。「どすこい投げ」は、これをシンプルにまとめたものです。

こんな子におすすめ
● **平衡**感覚が敏感/鈍感 ▶ P.14、**固有**感覚が鈍感 ▶ P.16、**触覚**が敏感/鈍感 ▶ P.12

アレンジ 1

● **紙鉄砲をパン!**

紙鉄砲を振ります。「基本のあそび方」で行う重心移動に加えて、手首のスナップをきかせることが必要です。紙鉄砲には開く部分が2か所あります。その両方を開いて、きちんと音がなるように振ります。

アレンジ 2

● **壁に力強くぶつける**

重心移動と手首のスナップを意識して、ボールを壁に力強くぶつけるように投げます。

アレンジ 3

● **ねらいを定めて**

相手がかまえているところをねらって投げます。

投げる前に、目標をしっかりと見ます。ボールをはなすポイントと目標点を直線で結ぶようにイメージして投げます。

参考:清水由(2010)『小学校体育 写真でわかる運動と指導のポイント ボール』(大修館書店)

あそび 6 タオルでキャッチボール

ねらい》》 タオルで作ったボールを使いキャッチボールをします。室内でも危険が少なく、扱いやすいので、継続的に取り組むことができます。動くものを目で追い、距離感を把握する視空間認知を高めます。

基本のあそび方

右の手順でタオルボールを作り、キャッチボールをします。

投げるときは、ボールではなく投げる方向を見るようにする。

タオルボールの作り方

①タオルでゆるい結び目を作ります。

②タオルの端と端をもう一度結び、あまった端を①でできた結び目のなかに通します。

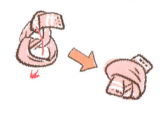

こんな効果が！ 室内あそびから外あそびに発展

タオルボールは普通のボールほど弾まない、転がらないため、このあそびは視空間認知に課題がある子にとっても、取り組みやすい活動です。ボールあそびができるようになると、休み時間の外あそびも楽しめるようになります。外あそびへの参加は、対人関係スキルの向上にもつながります。

ワンポイントアドバイス ボールをアレンジして素材の触感を生かす

ボールを作る動作は手先の動きを調節するトレーニングになります。また、タオルだけでなく、バンダナやマフラー、バスタオルなど、さまざまな素材を使ってボールを作ることで、大きさや触感が変わり、投げ方、取り方も変わっていきます。

こんな子におすすめ
● 平衡感覚が敏感/鈍感 ▶ P.14、固有感覚が鈍感 ▶ P.16、触覚が敏感/鈍感 ▶ P.12

アレンジ 1

● 三角キャッチ

人数を増やし、3人で等間隔に距離をとって、タオルボールでキャッチボールをします。
ほかの人の投げ方、取り方を見て学ぶこともできます。

アレンジ 2

● タオルバレー

タオルボールを子どもに向かって放物線状に投げます。大人が投げたボールが自分に近づいてくるのをタイミングを見はからってアタックします。

アレンジ 3

● タオルサッカー

床にビニールテープなどをはって、ゴールを設定します。サッカーのようにタオルボールをゴールにけり入れます。上手にできるようになったら、2〜3人でチームを組み、パスを重ねてゴールしましょう。

あそび 7　肋木のぼり

ねらい » 手と足で身体を支えて肋木をのぼるためには、しがみついたり、踏んばったりする力の維持が必要です。加えて、手や足をどう出せば次の動きにつなげることができるかを考えることも求められます。その場に合わせて考えて動くことは、ボディイメージ形成の基礎となります。

基本のあそび方

両手両足をしっかり使い、足場を意識しながら、肋木をのぼります。頂上にタッチして目標達成。はじめての子は、目標を低い位置に設定するとよいでしょう。

リボンなどでマークをつけて、そこにタッチさせる。

つかまる力が弱くておしりが引けてしまう子には、下からおしりを持ち上げるようにするのではなく、腰を肋木側に押しつけるように押してください。

サポートするときは、腰の部分を肋木側に押しつけるように。

こんな効果が！ さまざまなあそびの基礎作りとして

よじのぼる、踏んばる、しがみつく……。今の子どもたちがあそぶ姿を見ていると、これらの動きがほとんどなくなってきています。肋木のぼりには、これらの動きの要素が含まれています。さまざまなあそびの土台となる動き作りを大切にしましょう。

ワンポイントアドバイス　高所を怖がる子には三点支持を教える

平衡感覚が敏感で、高くのぼると怖がってしまう子がいます。四肢（両手両足）のうち、3つで身体を支えること（三点支持）を教えましょう。動かすのは1つずつと伝え、できているときにしっかりほめるようにします。

こんな子におすすめ

● 平衡感覚が敏感/鈍感 ▶ P.14、 固有感覚が鈍感 ▶ P.16、 触覚が敏感/鈍感 ▶ P.12

●段を抜かしてのぼる

のぼることに慣れてきたら、1段抜かし、2段抜かしでのぼります。
のぼるときよりも下りるときのほうが、足をつく場所を強く意識する必要があります。

アレンジ 1

アレンジ 2

●片方の手足をはなす

頂上で、片方の手足を肋木からはなしてブラブラさせます。つかまったほうの手足にグッと力を入れ、一方ではなしたほうの手足は軽く力を抜きます。

●肋木で逆立ち

今度は、床に手をつき、足を肋木にかけて「逆立ち」に挑戦。最初は低い段から始めて、徐々に足の位置を高くしていきます。手だけで体重を支えようとするのではなく、肩で支えるイメージをもつようにします。

アレンジ 3

---

1 子どもの「つまずき」を知ろう

2 感覚統合あそび「学校で、楽しく！」

3 感覚統合あそび「外で、元気に！」

4 感覚統合あそび「家庭で、毎日！」

59

あそび 8 トランポリンジャンプ

ねらい >> 姿勢のバランスを保とうとする平衡感覚と、姿勢を保持する固有感覚の発達を促すあそびです。子どもが自由にトランポリンを跳ぶのではなく、手をつなぐなどして大人がコントロールすることで、より強い感覚刺激を作りだすことができます。

基本のあそび方

1 ミニトランポリンを使います。トランポリンの上に立ち、トランポリンの外に立った大人と手をつなぎます。

2 できるだけ高くジャンプします。大人は、子どもが跳ぶのを支え、できるだけ高く跳べるように誘導しましょう。

手をつなぎ、高いジャンプになるよう誘導する。

姿勢をまっすぐに保つ。

こんな効果が！ 姿勢を保ち落ちついた様子に

姿勢を保とうとする力が働くことで、同じ姿勢をキープすることができるようになっていきます。また、目の使い方が育ち、集中できる時間が長くなったり、周囲に気をとられることが少なくなったりするので、歩行も安定します。

ワンポイントアドバイス 強さの「さじ加減」は大人が見きわめる

このあそびの特徴は、子どもの手をとってジャンプを誘導したり、トランポリンの上に座る子どもの横でジャンプをしたりと、大人が主体となって、子どもへの揺れ刺激をコントロールすることができるところです。どの程度の強さでどれくらいの時間繰り返せばよいのかは、子どもに合わせて、大人が見きわめながら決めていくことが大切です。

こんな子におすすめ
● **平衡**感覚が敏感/鈍感 ▶ P.14、**固有**感覚が鈍感 ▶ P.16、**触覚**が敏感/鈍感 ▶ P.12

● 座る姿勢をキープ

大きなトランポリンを使います。子どもはトランポリンの上に体育座りか正座をし、大人がそのそばを跳んで揺らします。

転ばないように、同じ姿勢をキープします。特に頭がグラグラと揺れてしまわないように気をつけましょう。

アレンジ 1

アレンジ 2

● 跳びながらハイタッチ

ミニトランポリンを使います。子どもがジャンプしている間に大人は手を出し、ハイタッチします。

手をかかげる高さや場所を変えることで、目の動きも育てます。

● ピタッと着地

トランポリンをまっすぐ3回跳び、4回目に床に着地します。着地できるようになったら、床にビニールテープなどで輪をかき、そのなかに着地するようにしましょう。

着地した後にしりもちをついてしまったり、ひざや手を前方についてしまったりしないように、何度も繰り返し練習しましょう。

アレンジ 3

あそび 9 マットでゴロゴロ

ねらい >> マットの傾斜をゴロゴロと転がり落ちるほどに回転のスピードが増し、スリルがあります。回転することに不安がある子にとっては、乗り越えていく克服感をもたらします。平衡感覚が鈍感な子にとっては、強めの刺激を入れることができます。

基本のあそび方

1 マットを段々に積み重ね、その上に別のマットをしき、すべり台のようにします。

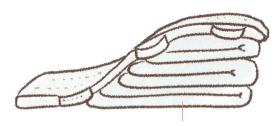

長いマットは蛇腹折りにするなどして重ね、傾斜を作る。

2 マットの上に横になり、斜面をゴロゴロと転がり下ります。

最後はマットからはみださないように、身体を止める。

こんな効果が！ クニャッとした姿勢がまっすぐに

このあそびの醍醐味は、転げ落ちるほど加速度が増し、遠心力で振りまわされるような感覚を感じられることです。振りまわされないようにするには、姿勢を保持する必要があります。楽しみながら、身体を引き締めるように力を入れる感じを実感できるようにします。

ワンポイントアドバイス 子どもの反応に応じて傾斜の大きさを調節

傾斜の大きさは、子どもの反応を見ながら調節しましょう。**平衡感覚**が敏感な子は、小さな傾斜でも怖がる傾向があります。最初は傾斜をあまり大きくしないようにします。ふとんを使えば、家庭でも取り入れられます。

こんな子におすすめ
● 平衡感覚が敏感/鈍感 ▶ P.14、固有感覚が鈍感 ▶ P.16、触覚が敏感/鈍感 ▶ P.12

アレンジ 1

● 途中でストップ！

傾斜を転がっている途中で、大人が「ストップ！」と声をかけ、子どもはピタッと停止します。
転がり落ちてしまわないようにグッとこらえます。

アレンジ 2

● ひざを抱えて

横になってひざを抱え、その格好のままでゴロゴロ転がります。

アレンジ 3

● のぼりもゴロゴロ

マットを山形に配置し、自分の力で転がりながらのぼり、てっぺんから下りていきます。
大人の指示に合わせて回転の向きを変えてもよいでしょう。

あそび 10 平均台をわたろう

ねらい >> 平均台は、高い場所で、足もとが不安定な場を設定することができます。平均台の幅と足の位置関係を把握して、次の1歩の着地位置を調整したり、友達の身体とうまくすれ違ったりしながら、ていねいな身のこなし方を学びます。

基本のあそび方

平均台の上を端から端まで、落ちないようにゆっくりとわたります。左右の足を交互に出すのが怖いという子は、前に出した足に後ろの足を近づけて、少しずつ進むことから始めてもよいでしょう。

怖がる子は、まず床に引いたラインの上を歩くことから始めます。低めの踏み台や幅の広めな平均台などを使って、少しずつ高いところを歩けるようにしていきます。

視線はなるべく前に。足もとを見すぎないように。

必要であれば両うでを水平に広げてバランスをとる。

平均台の高さは、子どもの様子を見て調節する。

こんな効果が！ **不安定な場での自信が集団行動を支える**

平衡感覚が敏感な子にとっては、少し床より高い場所にのぼるだけでも勇気がいること。1つ1つ克服していくことで達成感が得られ、自分への自信にもつながります。また、「落ちつきがない」といわれる子の多くが、右の「ワンポイントアドバイス」で示す「タンデム歩行」が苦手です。ゆっくりとした足運びができるようになることを目指すことも大切です。

ワンポイントアドバイス **ゆっくりていねいにわたれているかを確認**

人間は本来、足を左右に広げることでバランスを保っています。ところが平均台の上では足を前後にしなければならず、この姿勢のとき、人は不安定な姿勢であると感じます。

その不安定さをごまかすかのごとくすばやいスピードでわたりきってしまう子がいます。しかし、大切なのはゆっくりていねいにわたれるかどうかです。そこで、タンデム歩行（●140ページ）ができているかどうかも確認してみましょう。

こんな子におすすめ
● 平衡感覚が敏感/鈍感 ▶ P.14、 固有感覚が鈍感 ▶ P.16、 触覚が敏感/鈍感 ▶ P.12

● 平均台を傾けて
平均台の片側の下にマットや台を置くなどして軽い傾斜をつけ、その上を歩きます。不安定さが増します。

また、のぼりの傾斜と下りの傾斜で、体重のかけ方の変化を感じることができます。

● 左右の足を別々の台に
平均台を2台用意して、間隔を少し開け、左右の足をそれぞれに置いて歩きます。

平均台が1台しかない場合は、台の途中に障害物を置き、それをまたいで歩いてみましょう。

● 台の上ですれ違い
平均台の反対側から別の人にも歩きだしてもらい、途中で、落ちないようにうまくすれ違います。

自分と相手の距離感を調整しながら、ボディイメージを高めることができます。

あそび **11** # ボール運びアラカルト

ねらい ≫ ボールの操作を通して、ボディイメージを高めます。協力してボール運びをすることで、力の入れ具合の微妙な調節ができるようになることを目指します。友達と、さまざまなアレンジを楽しみましょう。

基本のあそび方

立ってやる場合
ボールを手に持ち、落とさないように、自分の身体のまわりにそわせてコロコロと転がします。

座ってやる場合
座って足をのばし、足の上でボールをコロコロと転がします。ビーチボールやサッカーボールなど、素材の違うボールを使ってもよいでしょう。

難しい場合は、座って取り組むほうが安定します。

足のつま先まで意識して。

こんな効果が！ 他者との距離感をつかめるように

このあそびを通して、自分の身体と対象物との関係を意識したり、力の入れ具合を調節したりすることで、周囲のものを注意深く扱うことができるようになります。友達と体を寄せあって協力することは、適切な距離感をつかむことにもつながります。これは、友達との人間関係や信頼関係を作る土台となっていきます。

ワンポイントアドバイス いろんな部位でボールを挟む

ここで紹介した運び方以外にも、おしりや肩など、身体のさまざまな場所を使ってボールを挟むことで、アレンジが広がります。人数が集まったら、運動場や体育館などの広い場所で、スピードを競うゲームにしてもよいでしょう。

こんな子におすすめ
● 固有感覚が鈍感 ▶ P.16、平衡感覚が敏感/鈍感 ▶ P.14、触覚が敏感/鈍感 ▶ P.12

● 手と手で挟んで

2人で横に並び、ボールを手と手で押し合って挟むように持ち、協力してゴールまで運びます。

上手にできるようになってきたら、手で挟んだまま立ったり座ったりできるか挑戦してみましょう。また、指先と指先で挟むことができるかどうかも試してみましょう。

アレンジ 1

アレンジ 2

● 背中合わせで

2人で背中合わせに立って、その間にボールを挟んで運びます。

見えない部位を使ってボールを挟むことになるので、難易度が上がります。

アレンジ 3

● 棒にボールをのせて

ほうきの柄など、長い棒を2本使って、その上にボールを乗せ、お互いにバランスをとりながらボールを落とさないように進みます。

棒を用いることで、さらに高い調整力が必要になります。

67

あそび 12 　丸太になろう

ねらい » 体幹を意識するあそびです。友達に転がしてもらう、身体を運んでもらうなど、他者とのかかわりの要素を取り入れることで、1つの姿勢を保持することが苦手な子も、「やってみたい」という意欲を高めることが期待できます。

基本のあそび方

1 マットの上に横になり、丸太になったつもりで、身体全体をまっすぐにのばし、グッと力を入れます。

2 大人や友達に、ゴロゴロ転がしてもらいます。転がるときにグニャッと身体が曲がらないように意識しましょう。

頭のてっぺんから足の先まで1本の芯が通っているようなイメージで。

身体全体に力を入れてピーンとかたくなると、転がりやすい。

こんな効果が！ 姿勢の保持だけでなく、人間関係を学ぶ機会に

他人に抱えられ受けわたされたり、後ろにまっすぐ倒れたりという活動は、日常ではなかなか体験できません。そのため、「おもしろそう」「やってみたい」と興味をひくあそびです。興味や関心は、参加意欲をかき立てますから、より長い時間姿勢を保持しようという気もちになってくれるでしょう。また、「運び手」や「受け手」になって友達の身体の重さを受け止めることも、相手の気もちを考えるよい機会になるでしょう。加えて、他人への信頼感を育てることにもなり、人間関係の改善につながります。

ワンポイントアドバイス 「重力不安」を取り除く工夫をする

平衡感覚が敏感な子には、体が地面からはなれることに強い恐怖を感じる「重力不安」という反応が出ることがあります。まずは、安全への配慮を忘れずに。
　表情や言葉などから不安を読みとり、アレンジ1～3は無理のない範囲で取り組むようにします。「丸太」をする前に「運び手」をたくさんやってモデルを見ることも、安心感につながります。

こんな子におすすめ
● **固有**感覚が鈍感 ▶ P.16、**平衡**感覚が敏感/鈍感 ▶ P.14、**触覚**が敏感/鈍感 ▶ P.12

アレンジ 1

● 丸太運び

「丸太」になったままの子どもを、2、3人の子どもたちが抱えて運びます。「丸太」の子は、力を入れ続けるようにしましょう。

アレンジ 2

● 丸太をバトンタッチ

2、3人のグループを複数作り、アレンジ1の「丸太」の子を、グループ間でリレーしていきます。

アレンジ 3

● 後ろに倒れてみる

「丸太」の子が直立し、その背後に数人の子どもたちが立ちます。合図が出たら、丸太の子は直立姿勢のまま後ろに倒れ、ほかの子たちがそれを支えます。

見えない背後に倒れるのは不安や恐怖が伴います。そんな気もちを克服し、他者への信頼感を高めます。

1 子どものつまずきを知ろう
2 感覚統合あそび「学校で、楽しく！」
3 感覚統合あそび「外で、元気に！」
4 感覚統合あそび「家庭で、毎日！」

あそび 13 ぞうきんウォーク

ねらい おしりや足の下からぞうきんがはなれないように気をつけながら移動するあそびです。このあそびを通して左右の重心のかけ方を調節することを学ぶことができます。また、軽く押さえながら移動することで力の抜き加減をつかむことができます。

基本のあそび方

1. ぞうきんをおしりの下にしいて、ひざを曲げ、手は後ろにつきます。
2. おしりで軽くぞうきんを押さえるようにしながら移動します。

足は軽く床につける。ひざを曲げのばししながら進む。

手も軽く床につける。ひじをのばして床を押すようにして進む。

こんな効果が！ 筋力が鍛えられ姿勢をキープしやすくなる

体幹を中心に、姿勢保持のために重要な筋力を鍛えます。地道に継続的に取り組むことで、おなかに正しく力を入れることができるようになり、授業中や整列のときなどにも、姿勢をまっすぐに保持しやすくなります。

ワンポイントアドバイス 飽きないように楽しさを加えて

このあそびは、トレーニング要素が強く、そのため飽きてしまう子も出てきます。継続した取り組みとなるようにするには、競争意識を高めたり、回数に応じてポイント制にしたりといった、お楽しみの要素を加えることも考えておくとよいでしょう。

こんな子におすすめ
● 固有感覚が鈍感 ▶ P.16、平衡感覚が敏感/鈍感 ▶ P.14

アレンジ 1

● おしりと足だけで前進

体育座りの姿勢になり、おしりと足の動きだけで前に進みます。足を床に踏んばりながら、おしりの位置をずらしていきます。

アレンジ 2

● ぞうきん踏み歩き

両足でぞうきんを踏んだまま、少しずつ足を前に動かして進みます。
左右に腰をひねるようにし、上手に重心を移動させながら前に進みましょう。

アレンジ 3

● シャクトリムシのように

ぞうきんを2枚使います。1枚のぞうきんに両手を当て、もう1枚のぞうきんに両足をのせて、右のような姿勢になり、そのままシャクトリムシのように移動します。

あそび 14 シンクロ描画

ねらい ≫ 黒板（またはホワイトボード）を使って、左右同時に直線を引いたり形をえがいたりすることで、左右の手に注意を均等に分散することを覚えます。スピードや動かし方の加減ができるようになること、視線をコントロールできるようになることをねらいとします。

基本のあそび方

左右の手にそれぞれチョーク（ホワイトボードを用いる場合はマーカーペン）を持ち、黒板に同時に直線を引きます。左右同時に中心から外側に向けて引きます。うまくできたら、次は外側から内側に引きます。

うまくできないときは、あらかじめ事前に点線を打ち、なぞりがきできるようにする。

うまくできるようになったら、線のゴールとなる点を指定し、そこまで左右同じスピードで動かせるかに挑戦します。

こんな効果が！ 左右の手の動きを調節して目の使い方を育てる

左右の手の動きを調節するためには、認知機能の1つである「注意の分散機能」が必要です。同じ形、同じ大きさ、同じスピードになるよう調整できるようになってくると、注意の分散とともに視線のコントロール力も育ちます。

ワンポイントアドバイス 写真を撮っておき成果を感じられるように

回数を重ねることで左右の形がそろってきます。最初にかいたものを写真に撮っておき、上達したときに見せると、本人も成果を感じることができます。

こんな子におすすめ
- 固有感覚が鈍感 ▶ P.16、平衡感覚が敏感/鈍感 ▶ P.14

●図形をかく

両手を左右対称に動かして、円や三角形などの図形をかきます。左右で同じスピード、同じ大きさ、同じ形にかけるかどうか確認しながら進めます。

アレンジ 1

アレンジ 2

●左右同じ向きで

左右対称なチョークの動きではなく、左右同じ向きで円や三角形をかきます。

左右対称にかくときと、力の入れ具合や動かし方が異なる点を意識できるでしょう。

●違う位置からスタート

左と右で違う位置からスタートして、丸や四角形をかきます。かき始めの位置が違っても、同じスピードで、同じ大きさになるように形がかけるかどうか挑戦します。

アレンジ 3

あそび **15** # 机の下をトンネル探検

ねらい » 狭い空間に自分の身体を合わせ対応していく動作が、ボディイメージの理解につながります。特に背中やおしりなどの自分からは見えない部分に意識を向けることで、自分の身体の輪郭をつかむことができます。

基本のあそび方

机の下をよつばいになってくぐります。「トンネル探検」など、ストーリーを設定してもよいでしょう。

「ここはトンネルだよ」

できるだけ身体が机にふれないようにくぐりましょう。

机の入りやすい側（座る側）を入り口にする。

こんな効果が！ ボディイメージを形成し相手との距離感を学ぶ

空間の大きさに合わせて自分の身体を対応させていくことは、ボディイメージの形成につながります。自分の身体をコントロールすることが上手になると、その場、そのとき、その状況に応じて、相手との距離のとり方をつかめるようになっていきます。

ワンポイントアドバイス 「やりたくない」は不安のサイン

「うまくできないからやりたくない」という子は、まだボディイメージがつかめていません。そのために、自分の輪郭とトンネルの関係がわからず、不安な状態にあると理解しましょう。電車ごっこ、忍者ごっこ、トンネル探検など、その子が好きなものを取り入れたストーリー仕立てにするとよいかもしれません。

こんな子におすすめ
● **固有**感覚が鈍感 ▶ P.16、**平衡**感覚が敏感/鈍感 ▶ P.14、**触覚**が敏感/鈍感 ▶ P.12

アレンジ 1

● **長いトンネルくぐり**

机をいくつかつなげて、長いトンネルくぐりにチャレンジします。

触覚が敏感な子のなかには、乳児期の「ハイハイ」を飛び越すといった生育歴をもつ子がいます。あらためて、よつばい姿勢に取り組む機会を作ってみるのも大切です。

● **おしりくぐり**

よつばいの姿勢で、おしりの側からくぐります。後方を振り返り、目で確認しながら進んでもかまいません。

アレンジ 2

アレンジ 3

● **手を使わずにくぐる**

手を床につかないようにして、足だけで移動し、身体のバランスをとりながらくぐります。

難易度の高いあそびです。より慎重に動くためには、頭部の位置と足の動きの両方に注意を向ける必要があります。

あそび 16 破ってくぐって新聞紙

ねらい やわらかい新聞紙を使ったあそびを通して、細かな動きの調整力を身につけます。新聞紙の特性を生かして、破いたり、引き裂いたり、丸めたりしてみましょう。逆に破かないように気をつけて扱うことにも挑戦してみましょう。

基本のあそび方

1 新聞紙を広げ、友達2人に両端を持ってピンと張ってもらいます。

両方からしっかりと引っぱって、ピンと張る。

2 広げた新聞紙に向かって勢いよく突進！ 身体で新聞紙を破ります。持つ人は、勢いで手をはなさず、しっかりとつかんでおくようにしましょう。

ふざけたり、勢いをつけすぎて転んだりしないように注意。

こんな効果が！ 「痛覚鈍麻(つうかくどんま)」を軽減して日ごろのけがも少なく

やわらかな新聞紙ですが、ピンと張ると意外に強く、上手に身体を当てていかないと破けません。広げた新聞紙に体当たりすることによって「痛覚鈍麻」の軽減の効果が見こめます。痛覚鈍麻とは、痛みの感覚が鈍感な状態のことをいいます。知らないうちにけがをしていたり、日常的に壁や大人に向かって突進するような姿が見られます。

ワンポイントアドバイス 新聞紙はあそび方いろいろ

新聞紙は、手軽に入手できる身近な素材です。大きくてやわらかいので、丸めたり、折りたたんだりといった加工もできます。**触覚**の敏感さを軽減することを目的として、両手でおにぎりのようにかたく握るあそびや、片手だけで小さく丸めていくあそびなどが考えられます。

こんな子におすすめ
● 固有感覚が鈍感 ▶ P.16、平衡感覚が敏感/鈍感 ▶ P.14、触覚が敏感/鈍感 ▶ P.12

● 新聞紙ヒラヒラ

　新聞紙を小さくちぎって、高いところからヒラヒラ落とします。床にザルやバケツを置いて、そのなかに入るように上手に落とします。
　新聞紙をちぎったかけらが、なるべくたくさんバケツに入るように、落とし方を工夫してみましょう。

アレンジ 1

● 新聞紙リレー

まんなかに大きな穴をあけた新聞紙を頭から通し、ひざのあたりまで下ろして片足ずつ抜きます。隣の人にわたして、リレーしていきます。

アレンジ 2

● 新聞紙電車

　まんなかに大きな穴をあけた新聞紙の穴の部分に、1人が入り、その前後を2人で持ち、電車のように連なってゴールまで進みます。
　新聞紙を破かないように、3人が歩調を合わせてゴールを目指します。

アレンジ 3

あそび 17 鉛筆あやつり

ねらい ≫ 学習の場面で欠かせない鉛筆の握り方の基礎を養うための手あそびです。指の機能分化（5本の指がそれぞれ役割をもち、機能を発達させていくこと）を促すだけではなく、それぞれの役割を確認することができます。

基本のあそび方

鉛筆を机の上に数本用意します。親指・人さし指・中指で1本つまみ、小指と薬指のほうへ移動させて握ります。これを繰り返して、できるだけたくさんの鉛筆を小指と薬指で握ります。利き手ではないほうの手でも、やってみましょう。スムーズにできるようになったら、目標の本数を何秒で握れるか、挑戦してみましょう。

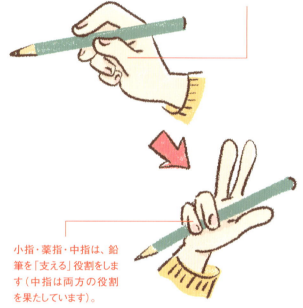

親指・人さし指・中指は、鉛筆を「操作する」役割をします。

小指・薬指・中指は、鉛筆を「支える」役割をします（中指は両方の役割を果たしています）。

こんな効果が！ ボタンをはめるなど細かい動作をスムーズに

親指・人さし指・中指の3指を器用に動かすための土台として、小指・薬指・中指の支持機能が必要です。このあそびを通して、支持性が高まると、ボタンの留めはずしや、靴ひも結びなどにも効果があらわれるでしょう。

ワンポイントアドバイス すぐに握り方が変わるわけではない

鉛筆の握り方はなかなか修正することができません。このあそびを何回かやったという程度では、改善するまではいかないでしょう。大切なのは、不器用な子の多くは、まだ指の機能分化に課題が見られるということを理解しておくことです。長期的、継続的な取り組みが大切になります。

こんな子におすすめ
- 固有感覚が鈍感 ▶ P.16、触覚が敏感/鈍感 ▶ P.12

アレンジ 1

● 鉛筆をまわす

鉛筆の先に旗をつけます。絵のように鉛筆を縦に持ち、親指・人さし指・中指で、クルクルまわします。

● 鉛筆のぼり下り

鉛筆の根本5cmと、先端にしるしをつけます。親指・人さし指・中指で鉛筆を上下に送りだしながら、鉛筆を上下に動かします。小指・薬指の支持性（鉛筆が落ちないように支える力）についても確認しましょう。

アレンジ 2

アレンジ 3

● 消しゴムを持ちながら書く

まず、消しゴムを小指・薬指の2本で握ります。次に、親指・人さし指・中指で鉛筆を絵のように正しく持ち、消しゴムと鉛筆を両方持ったままで文字を書きます。

消しゴムを握ることで小指と薬指の支持性が増すので、楽に文字を書くことができます。

column 2

昔あそびには感覚刺激がいっぱい!

ゲームやテレビ、パソコンがなかった時代、子どもたちは竹馬や目隠し鬼、お手玉などであそんでいました。感覚統合の視点で見ると、これらの昔あそびが、いかに子どもたちの成長に重要な影響を与えていたかがわかります。また、近年なくなりつつある公園の大型遊具も、子どもたちの感覚を育ててくれました。

ジャングルジム

かつてはどこの公園にもあったジャングルジムは、バランスをとる、よじのぼる、くぐり抜けるなど、さまざまな動き作りにつながりました。ボディイメージの形成に有効であったと考えられています。

竹馬

バランスをとるだけでなく、竹馬を動かすために足とうでの動きを連動させたり、倒れないようにリズミカルに動かしたりするためにバランスを上手にとることに役立っていました。

自然あそび

草花を使ったアクセサリー作りやままごと、川原での石積み、紅葉した木の葉集めなど、自然の素材にふれてあそぶことで、子どもたちは触覚の体験を豊かにします。

お手玉

複数のお手玉を同時にコントロールしながらキャッチしたり、投げ上げたりします。お手玉は、高い集中力と、感覚の使い方の発達につながるあそびでした。

「昔はよかった」といった回顧主義で終わらせるのではなく、これらのあそびが現代の子どもたちに欠けがちな感覚の栄養素を提供してくれていたという事実を大切にしましょう。

第3章 感覚統合あそび「外で、元気に!」

あそびのポイント

1 ≫ 外であそぶ経験が少ない背景

　外あそびは本来、子どもの発達や心身の成長を促す、大切な"栄養素"です。しかし昨今、安全に対する意識や親子あそびの質が変化し、外あそびの経験が乏しい子が少なくありません。

　大きなけがやトラブルにならないようにすることはもちろん大切です。その一方で、子どもの時期にしかできないこともあります。発達という視点から、外あそびの価値を見直してみましょう。

2 ≫ 子どもが満足する時間を読みとる

　平衡感覚が鈍感な子のなかには、一見、やりすぎに思えるほどダイナミックなあそびを長時間続ける子がいます。反対に**平衡感覚**や**触覚**が敏感に働く子のなかには、大人が提案するあそびを拒否したり、強い抵抗を示す子がいます。

　感覚刺激を受け止め、満足する瞬間は１人１人異なるということを理解しておく必要があります。

3 ≫ 「やりすぎ」や「失敗」も学びのチャンス

　激しく動きすぎて転んでしまったり、鉄棒がうまくできずに落下したりと、あそびには失敗がつきものです。子どもは、それらの失敗の経験を通して、「やりすぎ」の感覚や「これくらいの力なら大丈夫」という"加減"を学びます。仲間作りにおいても"加減"を学ぶ機会は必要です。大人が介入しすぎて学びのチャンスを奪ってしまわないようにしましょう。

外あそびにも感覚統合の要素を取り入れたものがたくさんあります。屋外で気もちよく体を動かし、できることが増えていくと、仲間作りにも積極的になれます。

力の入れ方や方向性を具体的に伝える

子どものなかには、うまくできないいら立ちから、感情的になったり、乱暴にふるまう子がいます。そんなとき、「ダメでしょ!」「どうしてそんなことするの?」などとしかっても、子どもは理解できないことがあります。「これくらいの力を入れます」「ここに足を置きます」などと、力の入れ方や方向性を具体的に提案しましょう。

小さなステップに分けて達成感を

やりたがらない子やあきらめやすい子には、あそびを小さなステップに分けましょう。例えばうんていあそびが苦手な子には、①支えてもらってぶら下がる、②自分の力だけでぶら下がる、③支えてもらって前に進む、というように、ステップを小分けにすることで、小さな達成感につながります。そのつど「できたね!」と声をかけることが、子どものやる気につながります。

「特別なルール」は取り組みの前後に伝える

本書では、すべり台を逆にのぼったり、ブランコに2人乗りするようなあそびも紹介しています。通常のルールでは禁止されていることもあります。
このようなあそびに取り組むときは、「大人と一緒のときだけのあそび方だよ」と特別なルールであることを伝えてください。また、普段はなぜそれがいけないことなのか、子どもが理解できるように、理由をていねいに説明してください。

あそび 18 砂あそび、はじめの一歩

ねらい ▶ 触覚が敏感で、砂が手につくのをいやがったり、「汚れる」「不潔」と感じて砂や泥に苦手意識をもったりする子が、砂あそびの楽しさを経験できるあそびです。触覚過敏を軽減することは、社会性を身につけることにつながっていきます。

基本のあそび方

「1」 砂を両手ですくって、別の場所にサラサラと落とします。

「2」 1を繰り返して、砂の山をできるだけ大きく作ります。

最初は砂にふれられればOK。

「大きな山ができたね!」など、達成感を感じられる言葉がけを。

こんな効果が! 小さな一歩から友達の輪に入れるように

　砂場は子どもの社交場です。しかし、友達とあそびたい気もちがあっても、泥や砂あそびに苦手意識があることで、輪に入れず、仲間から浮いてしまう子も少なくありません。
　はじめは無理をせず、例えばみんなが砂山を作っていれば、砂が苦手な子にも仕上げのひとすくいを手伝うよう促すなど、大人は子どもが無理なく輪に入れるように導きましょう。

ワンポイントアドバイス あそび終わったらしっかり手洗いを

　汚れを気にする清潔志向の子には、終わった後にきれいに手を洗うことを促し、「きれいになったね」と声かけを。「汚れてもちゃんと落ちてきれいになる」という体験を重ねることで、抵抗がやわらいでいきます。

こんな子におすすめ

● **触覚**が敏感/鈍感 P.12、**固有**感覚が鈍感 ▶ P.16、**平衡**感覚が敏感/鈍感 ▶ P.14

●名前を書く

砂を平らにならし、その上に、指で自分の名前を書きます。

砂のひんやりとした感覚を、指で感じることもできます。

アレンジ **1**

アレンジ **2**

●砂山を作る

両手を広げてブルドーザーのように土を寄せ集めて、まんなかに大きな山を作ります。一度にできるだけたくさんの砂を運びましょう。

触覚だけでなく、**固有感覚**も意識した活動になります。

●棒倒し

2人以上であそびます。砂山に棒を立て、順番に少しずつ山を切り崩して砂を自分のところに集めます。棒を倒したら負け、砂をたくさん集めた人が勝ちです。

山からどのくらい砂を取ったら棒が倒れるのか、見きわめが上手になることを目指しましょう。

アレンジ **3**

あそび 19 # 片足立ちバランス

ねらい ≫ 片足立ちのように不安定な姿勢を保つためには、平衡感覚や固有感覚の働きが不可欠です。スリッパを使うと、落ちないようにするために足への意識が高まります。足の動きを微細に調節しながら、同時に身体のバランスもキープしなければならず、難易度がぐんと上がります。

基本のあそび方

1. 手を胸の前でクロスさせ、片足立ちで何秒立っていられるか数えます。左右の足で交互にやってみましょう。

2. 20秒くらい片足で立っていられるようになったら、次は目をつぶって、同じようにやってみましょう。

ひざは直角に曲げて前に出す。

手をクロスするのが難しければ、最初は両手を広げるとバランスがとりやすい。

こんな効果が！ 不安定な場所への恐怖心を軽減

平衡感覚が敏感な子は、片足立ちのような不安定な姿勢を保てるようになっていくことで、高い場所への恐怖心や、ブランコなど揺れるものへ不安感を軽減することができます。

ワンポイントアドバイス 大人がルールを決めてより効果的なあそびに

平衡感覚が鈍感な子は、片足立ちになって平衡感覚に刺激が入ると、より大きな刺激がほしくて、無自覚のうちにクルクルとまわりだしてしまうことがあります。サポートする大人が制限時間を決めたり、あそびのルールを決めたりすることで、より効果的なあそびになります。

こんな子におすすめ
- 平衡感覚が敏感/鈍感 ▶ P.14、固有感覚が敏感/鈍感 ▶ P.16

●スリッパで片足立ち

片足にスリッパをはき、ひざを上げて片足立ちをします。軸足は、靴をはくか、はだしで。

足首の角度を調節し、スリッパが落ちないようにしましょう。身体の軸を意識しながらバランスをとり、同時に足首の曲げ具合を調節します。

アレンジ 1

アレンジ 2

●スリッパ飛ばし

アレンジ1の姿勢から、上げた足を前に振り上げて、スリッパを遠くに飛ばします。

飛んでいく様子をきちんと見届けましょう。また、飛ばした後、すぐに足を地面についてしまわないようにがんばってみましょう。

●スリッパまでケンケン

アレンジ2で飛ばしたスリッパをケンケンで取りにいき、スリッパをはいたら、再びケンケンでもとの場所に戻ります。

アレンジ 3

あそび **20**

ブランコでユラユラ

ねらい ブランコは、平衡感覚を刺激する代表的なあそびです。平衡感覚が敏感で、ブランコを怖がる子は、まず座って足を地面からはなすことから始め、ゆっくり進めましょう。落ちないようにつかまったり、自分でブランコをこいだりするためには、固有感覚も必要です。

基本のあそび方

大きな刺激を求める子の場合
平衡感覚が鈍感な子は、刺激をたくさんほしがります。大人は子どもの背中を押して、強く揺らしましょう。本人が「もういい」と言ってやめるまで続けます。

子どもはしっかりと鎖を握る。

大人は子どもの背中の中央を押す。

揺れるのを怖がる子の場合
平衡感覚が敏感な子は、わずかな揺れでも怖がることがあります。ブランコに乗りたがらない場合は、大人がブランコに乗り、ひざの上に子どもを乗せることから始めましょう。

 こんな効果が！ **1人1人に合った刺激で平衡感覚を整える**

　平衡感覚が敏感な子は、不安定な場所や高いところを怖がることが少なくありません。小さめの揺れにとどめ、ブランコの上で身体のバランスを保つことを体験しながら、恐怖感を減らしていきましょう。
　平衡感覚が鈍感な子には、ブランコあそびは楽しいもの。感覚を満足させる経験を重ねながら、過剰な刺激への欲求を少しずつ減らしていきます。

ワンポイントアドバイス **子どもが満足するまでたっぷりあそぶ**

　平衡感覚が鈍感な子は、放っておくと30分でも1時間でも、周囲が心配になるほど激しく揺れていることがあります。それは、足りない刺激をブランコによって補おうとする行動です。ただし、子どもが自分でブランコを揺らすだけでは、なかなか満たされません。大人がより大きな揺れを作ってあげることで、満たされるようになるのです。子どもは、満足する体験を重ねることで、鈍感さを解消していきます。

88

こんな子におすすめ
- **平衡**感覚が敏感/鈍感 ▶ P.14、**固有**感覚が鈍感 ▶ P.16

●形当てゲーム　アレンジ1

ひらがなや、丸、三角、四角などの図形をかいた紙を用意しておき、揺れている最中にそれをチラッと見せます。子どもはそれを当てます。

移動しながら紙を注視するため、平衡感覚と視覚を同時に育てます。

●ハンカチキャッチ　アレンジ2

ブランコが揺れている間に、差しだされたハンカチをキャッチします。

キャッチする瞬間、子どもは片手を鎖からはなさなければいけません。「手をはなすタイミングを間違えず、反対の手でしっかりと鎖をつかんでおけば、ブランコから落ちることはない」と実感できることが大切です。

●立ってこぐ　アレンジ3

ブランコの座面に立ちます。まずは横に少し揺らしてみて、怖くなければ、ひざを使って前後にこぎます。

自分で揺らせない場合は、子どもは座り、大人がその左右に足を置いて立ち、ゆっくり前後にこぎましょう。

あそび 21

長なわジャンプ

ねらい >> 全国の小学校で取り組まれている長なわとびは、固有感覚や平衡感覚、視覚、聴覚など、あらゆる感覚を総動員して楽しめるあそびです。苦手な子も、なわに目印をつけることで、タイミングをつかみやすくなります。

基本のあそび方

長なわを地面にまっすぐに置きます。子どもはなわに向かって走り、なわの前で両足をそろえてなわを跳び越えて、走り抜けます。

ター・タッ・トン！

両足をそろえて跳ぶ。

大人は、「走る・足をそろえる・両足で跳ぶ」の動きに合わせて、「ター・タッ・トン」と口伴奏を。

こんな効果が！ できることを1つ1つ増やしていく

まわるなわが怖くて入れない子は、基本のあそびからアレンジ1、2、3へとステップを踏みながら練習するなかで、タイミングを身体で覚え、次第に跳べるようになっていきます。子どもが自信をもって友達の輪のなかへ入っていけるよう、大人は子どもの「できないこと」よりも「できること」に注目しながら、じっくりサポートしていきましょう。

ワンポイントアドバイス 両足をそろえて跳ぶことが成功のカギ

長なわとびは、両足をそろえて跳ぶことが第一のポイントです。走ってきて、なわの前で両足をそろえて跳ぶ。この基本の動作のリズムを身体で覚えると、次のステップでの成功率が上がります。まずは止まったなわを使って、この「両足跳び」の感覚をつかみましょう。

こんな子におすすめ
● 平衡感覚が敏感/鈍感 ▶ P.14、固有感覚が鈍感 ▶ P.16、触覚が敏感 ▶ P.12

● くぐり抜ける

長なわの中央に目立つ色のバンダナを結び、大人が長なわをまわします。子どもはなわに当たらないようにくぐり抜けます。

バンダナが自分の目の前を通過するのと同時に走りだすのがコツです。なわを追いかけるようにして、入るタイミングを覚えましょう。

アレンジ 1

アレンジ 2

● 1回ジャンプ

アレンジ1ができるようになったら、今度はくぐり抜けずに、基本のあそびでやった「両足跳び」を思い出してなわをジャンプします。

まずは1回跳べれば、成功です。

● ジャンプ&ゴー

アレンジ2で何度か続けて跳べるようになったら、ジャンプの後、なわを抜ける練習をします。一度跳んだバンダナが追いかけてきたら、逃げるように、なわから出ます。ポイントは、なわに対して斜め方向に走り抜けること。当たらずに逃げられれば成功です。

できるようになったら、バンダナをはずしてチャレンジしましょう。

アレンジ 3

あそび 22 バケツで砂あそび

ねらい >> 重たいものを持って運んだり、砂を入れたバケツをグルグルまわしたりするためには、身体とバケツのバランスをとることが求められます。平衡感覚や固有感覚の使い方を養いましょう。触覚が敏感な子にとっては、触覚防衛反応を軽減するきっかけとなります。

基本のあそび方

「1」 バケツに砂をたっぷり入れます。砂を入れたバケツを持ち、身体ごとまわりながら、バケツを水平方向に回転させます。

「2」 水平方向の回転ができたら、次は垂直方向にまわします。バケツが逆さまになっても、勢いよくまわせば、砂は落ちてこないことを体感しましょう。

遠心力を感じ、中身が落ちない感覚を覚えよう。

触覚が敏感で、バケツに砂を入れるのをいやがる子は、少しでも入れられればOKとする。

こんな効果が！「こぼれそうでこぼれない」不思議な感覚を体感する

バケツに砂が入っているのに、グルグル回転させても落ちてこない。けれど、こわごわまわすとこぼれてしまう。この不思議な感覚を経験しながら、固有感覚を調整するあそびです。給食などで、器に上手におかずを盛る、こぼさないように運ぶなど、日常的な動作の改善にもつながります。

ワンポイントアドバイス 無理なく少しずつ砂にふれられるように

砂にふれるのをいやがる子には、かわりに水を使ってもよいでしょう。最初は砂にふれられればOKとし、少しずつふれられるようにしていきましょう。また、バケツを回転させるのを怖がる子には、大人が手本を見せ、中身が落ちてこないことを伝えましょう。

92

こんな子におすすめ
● **固有**感覚が鈍感 ▶ P.16、**平衡**感覚が敏感/鈍感 ▶ P.14、**触覚**が敏感/鈍感 ▶ P.12

アレンジ 1

● **砂山を作る**

バケツいっぱいに砂を入れ、それを別の場所に運んで、大きな山を作ります。

手で作るよりも早く、大きな砂山を作れるおもしろさを体験すると、面倒くさがりな子でも、何度も往復して運ぼうとします。

アレンジ 2

● **巨大プリンを作る**

バケツいっぱいに砂をギュッと詰め、それを逆さに置き、バケツだけをそっと持ち上げて、プリンを作ります。

詰め方が甘いと崩れてしまいます。詰めすぎてうまく取り出せないときは、バケツをそっと揺らしながら持ち上げるよう教えます。ちょうどよい力の入れ方を学んでいきます。

アレンジ 3

● **ピラミッドを作る**

プリンが上手に作れるようになったら、プリンを6個使った三角形を作ります（図のいちばん薄い色の部分）。その上にさらに3個のプリンをのせ（図の中間の濃さの部分）、最後にその上に1つのプリンをのせ（図のいちばん濃い部分）、プリンのピラミッドを作ります。

土台の部分を崩さないように、立ち位置にも気をつけます。微妙な力の調整が必要になる作業です。

あそび 23 # なりきり鉄棒

ねらい » 鉄棒を使って、いろいろなものになりましょう。うでや足に力を入れて鉄棒にしがみついたり、姿勢を固定させたりすることで、固有感覚の使い方を育てます。また、鉄棒にぶら下がり、足が地面からはなれることによって、平衡感覚への感覚刺激情報が入ります。

基本のあそび方

1 手で鉄棒をつかみ、両足を鉄棒に引っかけて、ぶら下がります。「豚の丸焼き」のイメージです。20秒間、地面に足をつけずに姿勢をキープしましょう。

2 20秒ぶら下がっていられるようになったら、ぶら下がったままうでを曲げて、身体を鉄棒に引き寄せたり、背中を後ろに反らせたりしてみましょう。

足を引っかけるときは、うでを曲げて身体を鉄棒に引きつけておくのがコツ。

逆さまになることの怖さを克服しよう。

こんな効果が！ アレンジを通して逆上がりのコツをつかむ

「鉄棒が嫌い」という子がいます。その多くは、「ぶら下がる力が弱い」というところからスタートしています。まずは、ぶら下がっていられる時間を少しずつのばしていくことを目指しましょう。ここで紹介したさまざまなアレンジを通して、逆さまになる感覚を受け入れ、また身体を鉄棒に引き寄せる力をつけましょう。

ワンポイントアドバイス 鉄棒からの下り方など細かな動きにも注目を

ぶら下がる力がついてくると、下りるときの様子も変わってきます。バタンと両足を無造作に投げだすようにする下り方から、そっとていねいな下り方になっていきます。ぶら下がっている姿勢だけでなく、こうした細かな動きの成長を見届けることもポイントになります。

こんな子におすすめ
- 固有感覚が鈍感 ▶ P.16、平衡感覚が敏感/鈍感 ▶ P.14、触覚が敏感/鈍感 ▶ P.12

● ふとん干し

両手でしっかり鉄棒を握り、身体を持ち上げたら、上体をゆっくり折り曲げるようにして、ぶら下がります。干されたふとんのイメージです。

10秒ほど姿勢を維持できるようになったら、両手をはなしてみたり、ゆっくり身体を起こしてみたりしましょう。

アレンジ 1

アレンジ 2

● つばめ

アレンジ1の姿勢から、おなかに体重をかけたまま、背筋をまっすぐにのばします。背中とおなかに力を入れましょう。

枝でひと休みするつばめのようなイメージです。

● だんごむし

逆手で鉄棒をつかみ、うでを曲げて胸を鉄棒に引きつけます。そのまま足を曲げ、だんごむしのように、身体を小さく丸めます。うでの力だけで全身の体重を支えます。

アレンジ 3

1 子どものつまずきを知ろう

2 感覚統合あそび「学校で、楽しく！」

3 感覚統合あそび「外で、元気に！」

4 感覚統合あそび「家庭で、毎日！」

95

あそび 24 フラフープキャッチ

> **ねらい** フラフープをまわしたり、転がしたりするときには、力の入れ具合を調節する必要があります。また、フラフープと自分の身体との位置関係をとらえたり、キャッチするタイミングをつかんだりすることによって、ボディイメージや視空間認知を育てます。

基本のあそび方

フラフープを地面に垂直に置き、手でつかみます。フラフープのバランスをとりながら手をはなし、倒れる前に再び手を置きます。何秒はなしていられるか数えましょう。

フラフープは、ほどよい力加減でつかもう。

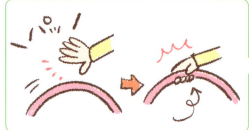

こんな効果が！ ボディイメージや視空間認知の力を育てる

フラフープあそびでは、自分の身体とフラフープの位置関係を把握し、力の入れ具合を調節することが不可欠です。ボディイメージ（●20ページ）や視空間認知（●21ページ）が育つと、人やものにぶつかったり、相手を突き飛ばしてしまったりするような行動が減ります。

また、目の使い方が育ち、教科書を読んだり、板書をノートに写したりすることの苦手を軽減することにもつながっていきます。

ワンポイントアドバイス 視線の向け方が成功のポイント

アレンジ2、3でフラフープをうまく転がせないときは、子どもの視線に注意します。まず、フラフープを支える手もとを見て、次にフラフープを転がしたい方向を見定めてから転がします。転がす前に具体的にイメージすることで、身体を的確に動かせるようになります。

こんな子におすすめ
- 固有感覚が鈍感 ▶ P.16、平衡感覚が敏感/鈍感 ▶ P.14

アレンジ1

●コマまわし

フラフープを指でつまみ、手首を使ってコマのように回転させます。

できるだけ速く、長くまわせるように工夫してみましょう。まわしているときに自分の身体にフラフープがふれないようにするには、腰を引いた姿勢になる必要があります。

●遠くへ転がす

身体の利き手側にフラフープを立て、前方にまっすぐ転がします。転がす速度や押しだす方向を考えながら力の加減を調節して、できるだけ遠くまで転がせるようにします。

できるようになったら、いろいろな方向へ転がしてみましょう。

アレンジ2

アレンジ3

●転がしてキャッチ

アレンジ2ができるようになったら、転がしたフラフープを追いかけてキャッチします。

最初は短い距離から始め、キャッチできるようになったら、思い切り転がして、走って追いかけましょう。

あそび 25

動いてストップ！

ねらい ≫ 合図や指示に合わせ、身体を動かして、止める。この繰り返しを楽しむあそびです。ピタッと動きを止めたまま、よろめかないように姿勢を保つためには、平衡感覚、固有感覚、視覚などを総動員して使う必要があります。

基本のあそび方

1 鬼を1人決めます。鬼が背を向けて、「だるまさんが転んだ」と言っている間に、ほかの子は身体を動かし、できるだけ鬼に近づきます。

急に止まれない子は、鬼が振り返るタイミングを予測して、余裕をもって止まる。

2 「だるまさんが転んだ！」と言い終わる瞬間、鬼が振り返り、ほかの子は動きを止めます。鬼に動いているのが見つかったら負けです。

こんな効果が！ **集団生活のなかで協調性をもって行動する**

このあそびは、人の合図や指示に合わせて、自分の身体と心をコントロールする力を育てます。学校や家庭での集団生活のなかでは、家族や友達と一緒に行動することが必要になる場面がいくつもあります。状況に応じて気もちを切りかえたり、その場の状況に折り合いをつけたりすることは、協調性をもって行動したり、学習に集中したりする力をはぐくむことにつながります。

ワンポイントアドバイス **人の合図に合わせて自分の身体を動かす**

まずは、人の合図に合わせて自分の身体をコントロールできるようになることが大切です。

基本のあそびでピタッと身体を止めることができない子には、大人の合図で「手はひざに」など、自分の身体の一部にふれるあそびにアレンジしましょう。

「5、4、3、2、1、ストップ！」と、「ストップ」までの時間が予測できるように合図すると、心の準備をしながら止めることができるようになります。

こんな子におすすめ
● 固有感覚が鈍感 ▶ P.16、平衡感覚が敏感/鈍感 ▶ P.14

●ボールや缶を使う

地面に、ボールや缶を置きます。鬼の「スタート!」の合図で、ボールや缶のまわりをグルグル歩き、鬼の「ストップ!」の合図とともに、片足をボールや缶にのせます。動いたら負け。

不安定な状態で身体のバランスを保つ練習になります。

アレンジ 1

アレンジ 2

●幸せならハイタッチ

『幸せなら手をたたこう』の歌をうたいながら自由に動き、「パン、パン」と手をたたくところで、周囲の友達とハイタッチします。相手の動きに合わせる練習になります。

●人混みでノータッチ

地面に大きな四角をかきます。複数の子どもがそのなかに入り、好きな方向へ早歩きします。「絶対に人の身体にふれない」「線から出ない」がルール。ぶつかりそうになったら、スピードをゆるめたり、すばやく方向転換したりしましょう。

ボディイメージを育て、相手との距離感の調整力や、他者の動きを予測する力を養います。

アレンジ 3

99

あそび **26**

うんていブラブラ

ねらい ≫ ぶら下がるあそびなので、まずは両足が地面からはなれる状態を受け入れることが必要です。うんていの棒を握り続けたり、体重を支え続けたりと、筋肉の緊張を保持する力も求められます。固有感覚、平衡感覚、触覚、視覚などを総合的に育てるあそびです。

基本のあそび方

1 うんていにぶら下がります。怖いようなら、大人が下から少しだけ支えてあげましょう。ただし、支えてあげすぎないように気をつけましょう。子どもが自分で体重を支えるように応援します。

高さが怖い場合は、下ではなく、握っている手を見る。

しっかりと鉄棒を握って、自分の身体を支える。

2 自分の力でぶら下がれるようになったら、そのまま両足を前後に振り、体を揺らします。

こんな効果が！ **自分の握力で身体を支える経験が自信を育てる**

高さを怖がる子は、鉄棒などの低めの遊具を使い、まずは足がつくところで「ぶら下がる」ことを体験しましょう。自分の握力で身体を支えられるという自信をもてれば、恐怖心は減っていきます。できるようになると、あきらめやすかった子が「もう少しがんばってみよう」という姿を見せるようになります。1つ先に進めるようになったら、成長を喜びましょう。全部わたりきれたときに見せる表情は、たくましく感じられるはずです。

ワンポイントアドバイス **うんていあそびの5つのポイント**

うんていを使ったぶら下がりあそびができるようになるためには、①鉄棒を握り続ける力、②体重を支え続ける力、③両足が地面からはなれる状態を受け入れる力などが必要です。また、ぶら下がりながら前へ進むためには、④身体を前後に揺らす力、⑤前にのばした手と、その先にある鉄棒の位置関係をとらえる力が必要になります。その子に足りないのはどの部分かを見きわめて、サポートしましょう。

100

こんな子におすすめ
● 固有感覚が鈍感 ▶ P.16、平衡感覚が敏感/鈍感 ▶ P.14、触覚が敏感/鈍感 ▶ P.12

アレンジ 1

●身体を揺らす

鉄棒にぶら下がったまま、身体を大きく前後に揺らします。腹筋に力を入れて、足を前後に振り、うまく身体を揺らすことができると、アレンジ2の前に進む動きにつながっていきます。

自分で揺らせない場合は、大人が軽く背中を押してあげましょう。

●前に進む

アレンジ1でやった「揺れる」動きを利用して、次の棒に手をかけ、移動します。

うまくできないときは、大人が軽く身体を支え、最後まで進む達成感を感じられるようにしましょう。「自分でやりたい」という気もちがふくらみます。

アレンジ 2

アレンジ 3

●着地する

あらかじめ地面に円をかいておき、着地する位置を決めます。アレンジ2の手順で、目標の場所の少し手前まで進んだら、身体を前後に振り、円のなかに着地します。

円の真上から落ちるのではなく、少し手前から円を目指して着地するのがポイントです。

あそび 27 すべってストップ！

ねらい すべり台をすべり下りるあそびは、平衡感覚や固有感覚の感覚刺激を満たします。すべり下りるのを途中で止めたり、すべり台をのぼったりと、重力に逆らう動きも取り入れて、バリエーションを楽しみましょう。

基本のあそび方

1 すべり台を、座った姿勢でゆっくりすべり下ります。

2 最後まで下りてしまう前に一時停止し、数秒間そのままキープします。

子どもが怖がるときは、大人が一緒にすべって身体を支えるなど、安心できるように援助を。

手でつかまったり、すべり台の内側に手足をつっぱったりして、身体が落ちないようにする。

こんな効果が！ 手とうでの力で身体を引っぱる

すべり下りる途中で止まったり、傾斜をのぼったりするあそびは、重力に抗う動きを作るあそびです。ボディイメージを育て、踏んばったり、引っぱったり、身体全体を支えたりする運動へとつながります。

ワンポイントアドバイス みんなであそぶときのルールを伝える

ルールを守るのが苦手な子もいます。すべり台を下からよじのぼったり、後ろ向きにすべったりするのは、ほかの子どもたちと公園であそぶときにはルール違反です。「大人がそばにいるときだけ」「周囲を見わたして、ほかの子に迷惑がかからないときだけ」行ってもよいことを、ていねいに伝えましょう。

こんな子におすすめ
● 固有感覚が鈍感 ▶ P.16、平衡感覚が敏感/鈍感 ▶ P.14

●すべり台のぼり
すべり台を下からのぼります。
傾斜に逆らってのぼるためには、手や足の踏んばる力、握る力が必要です。

アレンジ 1

アレンジ 2

●姿勢を変える
すべり台にあお向けに寝そべって、背中をつけたまますべります。足もとや着地点が見えないので、終点を予測する感覚が育ちます。
あお向け以外にも、ひざを抱えて「体育座り」の姿勢になったり、うつぶせになったりと、さまざまに姿勢を変えてみましょう。

●後ろ向きにすべる
後ろ向きの姿勢で、おしりからすべります。
進む方向が見えないままスピードを調節しながらすべるため、ボディイメージや、筋肉の張り具合を調整する力、身体のバランスをとる平衡感覚などが育ちます。

アレンジ 3

あそび 28 すもうでハッケヨイ

ねらい >> 力を入れて四股(しこ)を踏みましょう。片足を上げた姿勢を保持したり、押しずもうや、おしりずもうで相手と押し合いながら身体のバランスをとろうとしたりすることで、平衡感覚が育ちます。また、四股踏みの動作の後にぐらつかないようにすることで、固有感覚の使い方も向上します。

基本のあそび方

ひざに手を当て、四股を踏みます。力士が四股を踏む動作で、片足を上げ、しばらくそのままの姿勢をキープした後、力強く足を地面に下ろします。

手はひざに置く。
足は大きく横に広げる。

足を上げた姿勢を保持する。

こんな効果が！ 「すもう」あそびで身体の軸を作る

負けないように踏んばったり、身体のバランスを保持したりして、身体の軸を作りましょう。姿勢の保持や、身体の動きのぎこちなさの改善につながります。

触覚が敏感な子は、他者と身体的に接触するあそびをいやがることもあります。すもうあそびを通じて友達とふれあいながらあそぶことで、人との距離をほどよく保ったり、コミュニケーションをとったりする練習にもなります。

ワンポイントアドバイス 勝負後、気もちを上手に切りかえる

思いどおりにいかないとむきになりやすい子、勝ち負けに執着する子がいる場合、押しずもうやおしりずもうをするときは、「勝負は10秒まで」などと時間に区切りを設け、子どもが興奮しすぎないよう、大人がリードしましょう。負けてしまったときは「昨日より強くなったよ」「もっと強くなるためには何をすればいいかな？」などと声をかけて、気もちの切りかえ方を伝えていきましょう。

こんな子におすすめ
● **固有**感覚が鈍感 ▶ P.16、**平衡**感覚が敏感/鈍感 ▶ P.14、**触覚**が敏感 ▶ P.12

アレンジ 1

● **押しずもう**

友達と向かい合って立ち、手と手で押し合います。押すと見せかけて押さないなど、心理作戦も取り入れてかまいません。足が動いてしまったほうが負けです。

台の上でやると、難易度が上がります。

● **おしりずもう**

地面に円をかき、そのなかに子ども2人が背中合わせで立ちます。おしりとおしりで押し合い、先に円からはみだしたほうが負けです。

3人以上集まったら、円を大きくして押しくらまんじゅうのようにしてもよいでしょう。手は使いません。

アレンジ 2

アレンジ 3

● **大根抜き**

1人が抜かれる前の大根の役となり、寝そべります。「ヨーイ、ドン！」の合図で、1人が上半身を押さえ、もう1人が足を引っぱります。「ストップ！」の合図で引っぱるのをやめます。大根の役の子を、より多く自分のほうへ引っぱった子の勝ち。

どのくらい引っぱると相手が痛がるかなど、友達に対する力の入れ方や「やりすぎ」などの加減の感覚も学びます。

column 3 感覚統合を意識して逆上がりに挑戦！

逆上がりを成功させるために重要なことを、感覚統合の視点で整理してみましょう。まず、鉄棒を握ったり、おなかが鉄棒にふれて擦れたりするので「触覚」の育ちが必要です。体をぐっと鉄棒に引きつけたり、足で地面をけり上げたりするときには、主に「固有感覚」が使われます。回転したり、タイミングよく足を引き上げたりするときには、「平衡感覚」が必要です。さまざまな感覚統合あそびは、これらの３つの基礎感覚をタイミングよく使えるだけの土台作りであるといえます。

ステップ 1

ひざを抱えこんで座り、そのまま後ろに倒れて、また起き上がる、起き上がりこぼしのような運動から始めましょう。回転の感覚をつかみます。

ステップ 2

次に、あお向けになって腰に手を当て、腰部分を上に持ち上げます。逆上がりのときの、足を引き上げる動きに通じます。

ステップ 3

さらに、「なりきり鉄棒」（▶94ページ）や、「うんていブラブラ」（▶100ページ）などを通して、足が地面からはなれる感覚や、しっかりと力を入れて身体を棒に引き寄せる力を養います。

ステップ 4

大きなタオルを図のように腰にまわし、タオルの一方の端を鉄棒に結びつけ、もう片方は鉄棒にかけてから、大人が持ちます。ひじを曲げ、体を鉄棒に引き寄せ地面を足でけり上げたタイミングで、大人がタオルを引き寄せ、子どものおなかがぐっと鉄棒に近づくように補助します。
繰り返していくうちに、力を入れるタイミングがわかってきます。

はじめて逆上がりがうまくまわれたときのうれしさは、だれにとっても忘れられない瞬間です。「できた」という達成感は、子どもの自信となり、新たなことに挑戦しようという気もちを育てます。

第4章 感覚統合あそび「家庭で、毎日!」

あそびのポイント

1 ≫ 親子のふれあいを大切に

家庭でのあそびは、親が子どもとしっかり向き合える、親密な時間です。

あそびを通して密に向き合うなかで、子どもの様子をしっかりと観察することができます。その子が何につまずいているのか、感覚統合の視点から、子どもの行動をとらえていきましょう。

≫ 楽しみながら、毎日コツコツ 2

「昨日よりいっぱい入ったね」

あそびに取り組む前と後で、子どもの様子に変化が見えることもありますが、時間の経過とともにもとに戻ることも多く、一朝一夕に効果が出るものではありません。けれども、毎日少しずつでも継続することで、小さな1歩は積み上がっていきます。楽しみながら、コツコツ継続することが大切です。

3 ≫ あそびを強要しない

毎日続けることにこだわりすぎて、子どもにとってあそびが「義務」になってしまっては、効果的に続けることができません。

子どもの様子をていねいに観察し、難易度の設定を調節したり、アレンジを加えたりします。また、効果が出にくいこともあるので、「焦りは禁物」と心得ておきましょう。

「おはじき飽きたなあ」

「コインのあそびをやってみる?」

家庭でも取り組める感覚運動あそびを紹介していきます。毎日、継続的に取り組めるものを中心に取り上げています。子どもの実態に合わせて始めてみましょう。

4 ≫ 大人があそびの内容や程度を決める

自分で主体的にあそびを決めたり、選んだりすることは大切です。しかし、それでは発達に必要な感覚情報を入れることができず、結果的に「育たずじまい」に陥ることがあります。子どもの自主性に任せるのではなく、大人が活動を決めることも大切です。

この高さまで投げてごらん

5 ≫ あそびに集中できる環境作り

気が散りやすい子は、あそびの途中で別のものに興味が移り、投げだしてしまう姿が見られます。

使う道具以外は目につかないところにしまい、テレビやラジオはスイッチを切る、片づけられないものには布をかけるなどして、あそびに集中できる環境を作りましょう。

これは、安全性への配慮でもあります。

6 ≫ 切りかえもときには重要

うまくいかずに感情的になってしまったり、くやしさからあそびをやめてしまったりすることがあります。親も期待していた効果がなかなか出ないとイライラすることがあります。そんなときはお互いに気もちを切りかえるようにしましょう。「ま、いっか」「仕方ない」「こんな日もあるよね」と切りかえる言葉をうまく使える親子を目指しましょう。

くやしかったよね

あそび 29

背中クイズ

ねらい >> 背中にかかれた形や文字を頭のなかでイメージして当てる、クイズあそびです。見えないところから入ってくる感覚情報を受け止め、頭の中で整理します。触覚防衛反応を軽減させ、ボディイメージを育てることにつながります。

基本のあそび方

子どもの背中に三角や円などの形をかきます。子どもは、その形を当てます。難しい場合は、あらかじめ紙などにいくつか形をかいておき、目で見ながら正解を選べるようにするとよいでしょう。

線の始まりと終わりや、角の部分を、しっかり止めてかくと、子どもが形をイメージしやすくなる。

厚着だと、刺激が届きづらいので、薄着になって行うとよい。

最初は、手のひら全体を使ってゆっくりと。

こんな効果が！ 触覚が敏感な子の防衛反応をやわらげる

触覚が敏感で、他人にふれられることに抵抗感がある子は、集団のペースに折り合いをつけられない傾向があります。他人にふれられる刺激を受け止めるあそびは、防衛反応の軽減につながり、集団行動ができるようになることが期待できます。

ワンポイントアドバイス 最初は広い面積でしっかりとふれる

触覚が敏感な子には、「今からかくよ」とまず声をかけてから、手のひら全体をしっかり子どもの背中にふれさせて、力強くかくのがポイントです。ふれる面積が小さかったり、ふれ方がやさしすぎたりすると、不安感をあおり、防衛反応が起こりやすくなります。

ふれる強さを少しずつ弱くしていき、そっとふれたときでも受け止められるようにしていくとよいでしょう。触覚に意識を向けていることを確認しながら、毎日継続的に取り組んでいきましょう。

こんな子におすすめ
● **触覚**が敏感/鈍感 ▶ P.12

● げんこつでかく

　手でげんこつを作り、子どもの背中にしっかりとふれます。そのままげんこつを動かして、形や文字をかきます。

　ふれられることへの抵抗感がやわらいできたようなら、げんこつの角度を調整して、ふれる面積を減らします。子どもの反応を見ながら、慎重に。

アレンジ **1**

● 指でかく

　げんこつに慣れたら、接する面積を小さくして指で形や文字をかいてみましょう。指の本数を、3本、2本、1本と少なくしていきます。

　指の本数だけでなく、ふれる強さも調節して、繊細なタッチでも受け止められるように練習しましょう。

アレンジ **2**

● 文字を書く

　子どもの背中に文字を書き、子どもがそれを当てます。

　文字は、ひと筆書きの三角や円などに比べて、難易度が上がります。より集中力が必要です。

　まずは、画数の少ない簡単な文字から挑戦するとよいでしょう。

アレンジ **3**

111

あそび 30 ねんどであそぼう

ねらい >> ねんどは、ちぎる、丸める、たたく、平たくのばす、棒状にのばす、くっつけるなどさまざまな用い方ができる素材です。指先、手のひら、うで全体の力の入れ具合を調節することに役立てられます。ねんどであそべるようになると触覚防衛反応の軽減にもつながります。

基本のあそび方

1. 紙ねんどを、できるだけ細かく、同じ大きさにちぎります。

2. ちぎった紙ねんどを、だんご状に丸めて並べます。できるだけ表面がなめらかになるように整形します。

ちぎるときの力加減や、大きさをそろえることも意識する。

手で挟んで転がし、手のひら全体でねんどを形よく丸めていく。

こんな効果が！ 紙ねんどをきっかけにねんどあそびの楽しさを知る

紙ねんどは、ねんどのなかでも比較的手触りにべたつきが少ないのが特徴です。**触覚**が敏感な子は、油ねんどや絵の具など、ベタベタした感触のものが苦手な傾向があります。紙ねんどで造形あそびを楽しめるようになると、次第に**触覚**の敏感さが軽減されていきます。

また、ねんどをこねる、色を練りこむなどの動作は、手指の機能分化（親指・人さし指・中指は主につまむ、ちぎるなどの機能性が高くなり、中指から小指までは、主に押さえる、握りこむなどの支持性が高くなっていく。こうした指の役割分担が進むこと）が進みます。

ワンポイントアドバイス ねんどの素材を変えてさまざまな触感を楽しむ

紙ねんどを扱えるようになったら、小麦粉ねんどや油ねんどなど、違う素材のねんどを使ってみましょう。小麦粉ねんどは、粉に水を混ぜてかたさを自分で調節する楽しみがあります。油ねんどは、**触覚**が敏感な子にとって難易度が高いものですが、重さや質感があります。

こんな子におすすめ
● **触覚**が敏感/鈍感 ▶ P.12、**固有**感覚が鈍感 ▶ P.16

アレンジ 1

● **色を練りこむ**

紙ねんどをくぼませて、好きな色の水彩絵の具や食紅を入れます。よく練って、ねんど全体に均等に色が行きわたるように、練りこみます。

● **平たくのばす**

ひとかたまりのねんどを、平たくのばしていきます。できるだけ均一の厚さになるように調節します。

のばすときに、手のひら全体でねんどを押すようにしましょう。

アレンジ 2

アレンジ 3

● **同じ太さの棒を作る**

ひとかたまりのねんどを、手で転がすようにして、棒状にしていきます。棒状になったら、さらに細くして、できるだけ長いひも状にします。2人以上でやる場合は、同じ大きさのかたまりから、だれがいちばん長くできるか競ってもよいでしょう。

力の入れ具合を上手にコントロールしましょう。

---

1 子どもの「つまずき」を知ろう

2 感覚統合あそび「学校で、楽しく！」

3 感覚統合あそび「外で、元気に！」

4 感覚統合あそび「家庭で、毎日！」

113

あそび 31 押し当てあそび

ねらい » 触覚防衛反応の軽減を目的とした活動です。自分の身体に何かがふれたときに、落ちついて、その部分に意識を向けることができることを触覚定位といいます。触覚定位を促し、自分の外の世界からの感覚情報を受け止める力を育てます。

基本のあそび方

そでをひじまでまくって差しだし、手のひらを上に向けます。大人は、子どものうでに缶を押し当てながら転がします。

「さあ、いくよ」と声をかけたり、「♪でーんでんむーしむし、かーたつむり、ギュッギュッ」など歌のリズムに合わせて缶を動かしたりすると、子どもは次の動きを予測しやすくなり、防衛反応を抑えることができます。

あそぶ前に、子どもも缶を触り、手触りに慣れておくと、抵抗感が少なくなる。

こんな効果が！ 他者とふれあいながら関係を深める

触覚が敏感なために、他者とふれあうのが苦手で、家族や友達とのかかわりが希薄になってしまっている子がいます。このあそびを繰り返し、ふれあうことへの抵抗感を減らしていければ、じゃれ合ってあそんだり、愛着関係を深めたりできるようになっていきます。

ワンポイントアドバイス 受け入れやすいものからふれていく

触覚が敏感な子は、温かいものよりも冷たく感じるもの、やわらかいものよりもかたいもの、接触面が小さいものよりも大きいもののほうが、抵抗なく受け入れられる傾向があります。また、そっとふれると防衛反応が出やすいため、グッと圧を加えるような感じでふれるようにするとよいでしょう。

こんな子におすすめ
● 触覚が敏感 ▶ P.12

● スポンジを使う

　缶の次は、スポンジを使います。最初はグッと押しつけて、ひじまでゆっくりと磨き上げるように。
　力を弱めると、くすぐったさが増して抵抗感が大きくなります。子どもがいやがらない範囲で、動きや強さをアレンジしましょう。
　その際、子どもの視線が「スポンジの動きを追っているか」を確認するようにします。

アレンジ 1

アレンジ 2

● なべつかみを使う

　人の手の感触を受け入れる前段階として、なべつかみをはめた手で、子どもの手を握り、ひじまで押し当てます。
　なべつかみの感触を受け入れられるようになったら、子どもが「ストップ」と言って、相手の動きを止めるゲーム性を入れても。

● いっぽんばしこちょこちょ

　大人の手を使って、『いっぽんばしこちょこちょ』などのふれあいあそびをします。
　基本のあそびからアレンジ3まで、触感定位が見られるか、子どもの様子を見ながら、根気強く続けましょう。

アレンジ 3

1　子どものつまずきを知ろう
2　感覚統合あそび「学校で、楽しく！」
3　感覚統合あそび「外で、元気に！」
4　感覚統合あそび「家庭で、毎日！」

115

あそび 32

ふとんで巻きずし

ねらい >> 身体をふとんで巻いて、身体全体が圧迫される感覚を楽しむ「圧覚あそび」です。身体全体に一定の強さの圧がゆっくりかかると、気もちが落ちつきます。また、身体を押される感覚によって、自分の身体のどこにふれられているかを感知する力が育ちます。

基本のあそび方

1 ふとんの上に寝そべった子どもの身体を、くるむように巻きます。

2 ふとんの上から押し、子どもの身体に圧力を加えます。

表情などから子どもが心地よさを感じる強さを見きわめる。

こんな効果が！ 気もちを落ちつけ自己刺激行動を減らす

固有感覚が鈍感な子は、自己刺激行動として、身体の一部を壁にぶつける、あごやこめかみをたたくなど、自傷的な行動をすることがあります。ギュッと圧迫されることで安心し、気もちを落ちつけることができます。適切なかかわりを続けることで、自傷的な行為が軽減することもあります。

ワンポイントアドバイス スキンシップの前段階としてのあそび

触覚防衛反応が強く、ふれられることをいやがる子にとって、直接肌にふれるスキンシップは抵抗感が強いことがあります。このあそびは、ふとん越しの接触なので、比較的受け入れやすいでしょう。まずは他者にふれられることに対する苦手意識を軽減し、スキンシップをとれるように少しずつ導いていきましょう。

こんな子におすすめ
● 触覚が敏感/鈍感 ▶ P.12、平衡感覚が敏感/鈍感 ▶ P.14、固有感覚が鈍感 ▶ P.16

アレンジ 1

● ふとんを増やす

ふとんの枚数を、2枚、3枚と増やしていきます。
子どもの身体を転がしながら巻くと、**平衡感覚**にも感覚情報を入れることができます。表情や顔色をよく見て、呼吸が苦しくなっていないか確認しながら行いましょう。

アレンジ 2

● 自分でほどく

自分で身体を転がして、ふとんをほどいていきます。
体幹のひねりを意識させ、ボディイメージを育てます。

アレンジ 3

● 大人が転がす

子どもがふとんに巻かれた状態から、ふとんごとゴロゴロと転がします。
まわしてもらうことで、**平衡感覚**により強い感覚情報を入れることができます。
また、ふとんを挟んで大人の手の感触や、床の感触、圧力などを身体全体で感じることができます。

117

あそび33 # シーツブランコ

> **ねらい** ≫ あお向けに寝た状態で行うブランコあそびです。シーツを動かす向きを変えたり、揺らすスピードを変えたりします。平衡感覚が敏感な子には、ゆったりとした揺れで不安定な状態に対する苦手意識を少しずつ克服できるようにしましょう。鈍感な子には、揺れを激しく大きくします。

基本のあそび方

1 床にしいたシーツの上に寝そべります。大人2人でシーツの四隅を持ち、少しだけ空中に浮かせます。

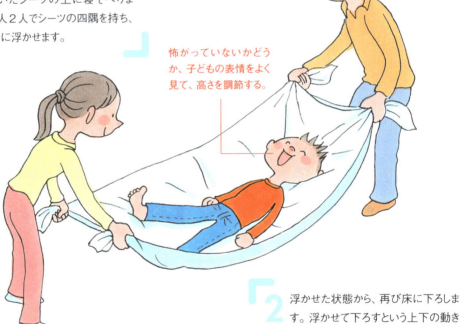

怖がっていないかどうか、子どもの表情をよく見て、高さを調節する。

2 浮かせた状態から、再び床に下ろします。浮かせて下ろすという上下の動きをゆっくり繰り返します。

こんな効果が！ 行動や情緒の安定につながる

　一定のテンポで静かにゆっくり揺らすと、心理的な落ちつきがもたらされます。強く激しく揺らすと、興奮します。このように**平衡感覚**と心理には強い結びつきがあります。**平衡感覚**が鈍感な子に強い揺れの感覚刺激を入れると、不足している感覚刺激が満たされ、行動も落ちついていくといわれています。

ワンポイントアドバイス 子どもに合わせて強さを調節する

　基本のあそび→アレンジ1→アレンジ2→アレンジ3と、少しずつ揺れる幅やスピードが大きくなっていくように、段階を設定しています。子どもが怖がっていれば段階を下げる、「もっとやって」とせがむようなら段階を上げるなど、1人1人の感覚の受け止め方に合わせて調節しましょう。

こんな子におすすめ
● 平衡感覚が敏感/鈍感 ▶ P.14、固有感覚が鈍感 ▶ P.16、触覚が敏感/鈍感 ▶ P.12

アレンジ 1

● 小さく揺らす

大人2人で、子どもがのっているシーツを持ち上げ、左右に細かく揺らします。

空中で小刻みに揺らすことで、シーツと身体がこすれて、**触覚**への感覚情報を入れることも期待できます。

● 横に大きく揺らす

子どもがのっているシーツを左右に大きく、ブランコのように揺らします。慣れてきたら、スピードを速くするなどして、動きに緩急をつけます。

平衡感覚はもちろん、スピードに対応して体幹を引き締めるようにするため、**固有感覚**も育てられます。

アレンジ 2

アレンジ 3

● 浮遊させる

子どもをのせたシーツをすばやく下に下ろします。子どもはシーツが落ちるときに、一瞬、浮遊する感覚を味わいます。シーツの底が床に当たらないよう、十分に注意しましょう。

「いつ落ちるかな」と身構えたり、シーツが落ちるときにとっさに体を緊張したりすることで、3つの基礎感覚を使います。

119

あそび34 回転バレリーナ

ねらい 〉〉 平衡感覚が敏感な子のためのあそびです。平衡感覚が敏感だと、回転遊具、ブランコ、すべり台、トランポリンなどをいやがることがよく見られます。無理のない範囲で、自分でまわることから始めてみましょう。

基本のあそび方

1 足もとにビニールテープなどで目印になる線を引き、足を肩幅程度に開いて、線をまたぐように立ちます。

2 その場で足踏みしながら、少しずつ向きを変えて1回転します。まわり方がつかめてきたら、足の動かし方を小刻みにするなどして、速くまわれるようにします。

両手を水平に広げてバランスをとると、回転が安定しやすい。

ビニールテープなどで最初の位置に目印をつける。

こんな効果が！ 過剰な反応を抑え不安感をやわらげる

平衡感覚が敏感な子は、足もとが不安定な状況を極端にいやがり、感情的に拒否することがあります。また、他者と少しふれたり、不意に押されたりするときに、まるで高いところから突き落とされたかのような反応を示すこともあります。これは、平衡感覚への刺激に脳が過剰反応し、強い不安を感じるためです。

このあそびでは、無理せずゆっくりまわることから始め、まわった後に止まったり、まわりながら大人の手にタッチできるようになったりすると、情緒面の安定につながります。

ワンポイントアドバイス つまずきの根っこをていねいに読み解く

平衡感覚が敏感であるという知識があれば、子どもの不安や警戒心の理由が見えてきます。なかには、「いやだ」「やりたくない」などといった言葉で「怖い」という気もちを表現する子もいます。つまずきの根っこを洞察的に読み解くことを大切にしましょう。

こんな子におすすめ
● 平衡感覚が敏感 ▶ P.14、固有感覚が鈍感 ▶ P.16

●片足まわり&片足立ち

片方の足で床をけり、もう一方の足を軸足にして回転します。1回転する間に、何度けってもかまいません。

また、何回かまわった後で、その場で片足立ちをします。ふらつかずに何秒立っていられるか、チャレンジしてみましょう。

アレンジ **1**

アレンジ **2**

●回転タッチ

大人は子どもの手が届く位置に手をかかげ、子どもは自分で回転しながら大人の手にタッチします。

回転しながら、大人の手の位置をしっかりと目で確認するようにします。

●回転キャッチ

目標となるものを、子どもから少しはなれた場所に置きます。子どもはその場で両手を広げて目がまわるまで回転した後、目標物を取りにいきます。

アレンジ **3**

あそび 35 振り子アタック

ねらい 振り子のように動くボールを目で追い、それに合わせて自分の身体を動かします。ボールと自分の身体との距離感をつかみ、タイミングよく打ち返したり、ぶつからないようによけたりするあそびを通して、視空間認知やボディイメージを養います。

基本のあそび方

1 ゴムボールか毛糸玉を糸につるし、天井からぶら下げます。子どもが小さい場合は、大人が手に持って上から垂らしてもよいでしょう。

2 ボールを揺らし、戻ってきたときに手で打ち返します。揺れているボールを目で追えているかどうか確認しましょう。

ボールをしっかり目で追って、スピードや、自分の身体との位置関係を把握する。

ボールの速さや揺れの大きさを調節し、ボールを打ち返す強さを加減する。

こんな効果が！ 視空間認知力を高めぎこちない動きを軽減

「視空間認知力」（●21ページ）が育つと、ボールの動きを空間のなかで立体的にとらえられるようになります。ボールの軌道に合わせて打ち返し方を変えることができるくらいまで上達すると、目の動きや身体の動かし方についての意識が高まるので、机や友達によくぶつかったり、ものを落としたりするような場面が減少する効果が期待できます。

ワンポイントアドバイス 目を使えているか確認しながら

振り子のような、軌道が一定なものの動きを目で追う際には、眼球がわずかに輻輳（寄り目）と開散（はなれ目）を繰り返します（●140ページ）。子どもの正面に向かい合って立ち、眼球の動きを確認しながら取り組んでください。

こんな子におすすめ
● 平衡感覚が敏感/鈍感 ▶ P.14、固有感覚が鈍感 ▶ P.16

● **ラリーを続ける**

打ったボールが戻ってきたときに、また打ち返す、という動作を繰り返します。同じリズム、同じ方向で、長く打ち続けましょう。

できるだけ長く続けることで、目をそらさずに対象を見つめ続ける集中力を身につけます。

アレンジ 1

アレンジ 2

● **道具を使って打つ**

手ではなく、うちわやラップの芯、しゃもじなどを使ってボールを打ちます。

持つものが変わることで、タイミングや力の調節が必要になります。ボールペンのような細いものを使うと、さらに難易度が上がります。

アレンジ 3

● **直前でよける**

打って戻ってきたボールを、ぶつかる直前でかわします。慣れてきたら、方向や力加減を変えてみましょう。

ギリギリまで我慢して、ぶつかる直前にサッとよけることにも挑戦してみましょう。

あそび 36 忍術「隠れ身」

ねらい ≫ 足を曲げたり背中を丸めたりして、身体をすみずみまで隠すあそびです。毛布やタオル、コートなど、それぞれの大きさに合わせて身体を隠してみましょう。特に、背中やおしりなど、見えない部分に意識を向けることで、ボディイメージが養われます。

基本のあそび方

1. 毛布やタオルケットなどをかぶって、ほかの人から見えないように隠れます。忍者になりきり、身を隠したら、息を潜めます。

2. 子どもが動かなくなったら、「忍者め、どこに隠れた？」などと声をかけ、忍者ごっこをします。友達と、どちらが上手に隠れられるか競ってもよいでしょう。

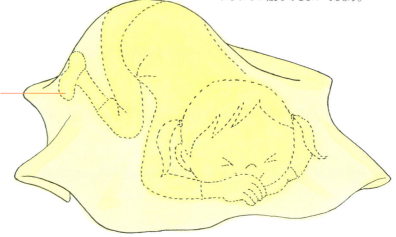

頭からつま先まで、しっかり隠す。

こんな効果が！ 静かにするべき場面でのふるまい方の練習にも

忍者のように息を潜めて身体を小さくしてみましょう。あそびを通して、静かにしていなければならないときのふるまい方を練習することができます。

また、身体を隠すあそびは、背中やおしりなど、自分からは見えない部分を意識する機会にもなるので、ボディイメージを高める効果も期待できます。シャツのすそが出てしまうなどのつまずきの改善につながることもあります。

ワンポイントアドバイス 布の素材の触感をあそびで体験

毛布をかぶったり、巻きつけたりするあそびを通して、<u>触覚</u>にも感覚情報が入ります。質感の違う布を何種類か用意してみましょう。触覚防衛反応がある子には、素材の選び方に配慮が必要です。

こんな子におすすめ
● 固有感覚が鈍感 ▶ P.16、触覚が敏感/鈍感 ▶ P.12

アレンジ 1

● **相手の身体を隠す**

子どもが大人に布をかけ、外から見えないように隠します。

自分以外の人の身体の形をしっかり観察することは、自分のボディイメージを形成することにも役立ちます。

● 小さなもので隠す

毛布よりも小さめのバスタオルや大人用のシャツなど、全身を覆いきれない程度のものに隠れます。

自分の身体のどの部分に布がかかっているかを意識して、布の大きさに合わせてうまく隠れられるように、自分で考えて身体を縮めたり曲げたりしてみましょう。

アレンジ 2

アレンジ 3

● **つぎはぎに隠す**

フェイスタオルやぼうし、シャツや靴下など、家庭にあるさまざまなサイズの衣服類を使い、自分の身体を隠します。

つぎはぎに隠すことで、足を隠し、おなかを隠し……というように、身体のそれぞれの部分を意識します。そのため、1枚の布で隠すよりも、身体の各部位に対する意識が高められます。

あそび37 的当てチャレンジ

ねらい ≫ 投げるものや的までの距離、高さを変えて、うでの振り方や方向性などをコントロールします。的までの距離を見定めることで、空間におけるものの位置や大きさなどをとらえる視空間認知力を高めます。

基本のあそび方

床に、ロープやテープで円をかき、的を作ります。1〜2mはなれた場所からお手玉を投げ、的のなかに入れます。

最初は、床に落ちたときにはずみにくいお手玉を使う。

新聞紙などを的にしてもOK。

こんな効果が！ ルールを守って行動し人間関係をスムーズに

的当てチャレンジを通して、投げるものや目標に応じて投げ方を変える経験を重ねましょう。友達とのやり取りや、ルールを守ることの大切さを知り、集団行動に参加するための土台を育てます。

ワンポイントアドバイス 点数を設定すればゲーム感覚に

子どもが2人以上いれば、点数を競うゲームができます。的をいくつか配置し、難易度に応じてそれぞれに点数を設定します。子どもたちの能力に差がある場合は、点数や回数をその子に合わせて調整するようにします。

こんな子におすすめ
● 固有感覚が鈍感 ▶ P.16、平衡感覚が敏感/鈍感 ▶ P.14、触覚が敏感/鈍感 ▶ P.12

● 投げるものを変える

消しゴムや積み木、丸めた紙、ハンカチなど、投げるものを変えます。
的に入ったときに、はずんで的からはみださないように投げるにはどうしたらよいか、考える機会になります。

アレンジ 1

● 的を遠ざける

的までの距離を遠くしたり、的の大きさを小さくしたりして、難易度を上げます。
難易度を上げすぎると子どもが意欲を失うこともあるので、少しずつ上げるようにしましょう。

アレンジ 2

● 的の高さを変える

大人は的を持ち、少しずつ高く上げていきます。子どもは玉入れのようにして、的に投げ入れます。
慣れてきたら、的をゆっくりと左右に動かして、動く的に入れるあそびにチャレンジしましょう。

アレンジ 3

1 子どものつまずきを知ろう
2 感覚統合あそび「学校で、楽しく！」
3 感覚統合あそび「外で、元気に！」
4 感覚統合あそび「家庭で、毎日！」

127

あそび 38 動物ウォーク

ねらい 肩やうでで体重を支える力や、体幹筋をグッと引きしめる力を養います。前転や逆立ちなどのマット運動が苦手な子にとって、土台となる力を育てることにつながります。また身体の中心を使う粗大運動は、手指を使う微細運動の発達につながっていきます。

基本のあそび方

1 はだしになって、床をよつばいで進みます。進むときに、右手と左足、左手と右足の「ひねり」の動きを意識します。

2 よつばいの姿勢からおしりを高く上げて、高ばい（クマのポーズ）になり、歩きます。床についた手を見るようにしましょう。

おなかの位置が下がりすぎないようにする。

足の指の腹で床面をけるようにする。

こんな効果が！ 発達の「とび越し」からくる不器用さを改善する

不器用な子の生育歴をたどると、乳児期に「ハイハイ」をほとんどせず、すぐに立ってしまったという子がいます。うで支持の力や体幹の筋群をしめる力が未発達のままでいることが多く見られます。これを発達の「とび越し」といいます。あらためて「よつばい」などに取り組むことで不器用さの軽減を目標とすることができます。

ワンポイントアドバイス ポイントを押さえて友達と一緒にあそぶ

学校の活動でも取り入れやすいあそびです。体育館で行うときは、スタートとゴールのラインを決めて、クラスみんなで取り組んでみましょう。例えばクモ歩きなら「おなかをまっすぐに」など、動きのポイントをしっかり押さえることが大切です。

こんな子におすすめ
● 固有感覚が鈍感 ▶ P.16、平衡感覚が敏感/鈍感 ▶ P.14、触覚が敏感/鈍感 ▶ P.12

アレンジ 1

おなかの位置が下がらないようにする。

● クモ歩き

おなかを上に向けた状態でクモ歩きにも挑戦してみましょう。右の絵の姿勢で、矢印の向きに進みます。おなかにグッと力を入れる感じがつかみやすくなります。

アレンジ 2

● カエルの川跳び

ひざを曲げ、両手を前につきます。両足で床をけって川を跳び越えるようにします。これを繰り返し行います。肩とうでで体重を支えられる力がついてくると、足を高く上げることができます。

アレンジ 3

● アザラシ歩き

肩からうでの力を使って進みます。おなかが床につかないように意識しましょう。

肩とうでで体重を支える感覚がつかめてくると、とび箱を跳ぶ際の土台になります。

1 子どものつまずきを知ろう

2 感覚統合あそび「学校で、楽しく！」

3 感覚統合あそび「外で、元気に！」

4 感覚統合あそび「家庭で、毎日！」

129

あそび 39 タオルで柔軟体操

> **ねらい** >> 身体がかたいと感じる子どもでも、タオルを使うと意外と簡単に身体をのばすことができます。2人で取り組むアレンジでは、タオルを使うことで、相手の動きに合わせた動きがとりやすくなります。

基本のあそび方

1 タオルの両端を手で持ち、棒のようにしてピンとのばします。

タオルがピンと張るように、両うでにしっかりと力を入れる。

2 前かがみになって、ピンと張ったタオルを片足ずつまたぎます。

タオルに足が引っかからないように、バランスをとりながらまたぐ。

こんな効果が！ 関節の可動域を広げ柔軟性を向上させる

身体の動きがかたく、ぎこちない子や、姿勢が崩れてしまう子におすすめのあそびです。タオルを使うことで肩やうでを大きく動かしたり、「ひねり」の動作を作りだしたりすることが可能になります。普段使っていない部位を使うことで、関節の可動域を広げ、柔軟性を向上させるという効果もあります。

ワンポイントアドバイス 大人が先導して動きをリードする

大人とペアになって行うときは、大人のほうがタオルを使って子どもの動きをうまくリードするとよいでしょう。先導するように動かしたり、軽く引っぱったりすることで、動きの方向づけがわかりやすくなります。声をかけ合いながら、楽しく取り組みましょう。

こんな子におすすめ
● 固有感覚が鈍感 ▶ P.16、平衡感覚が敏感/鈍感 ▶ P.14、触覚が敏感/鈍感 ▶ P.12

● タオルを1回転

両手で正面に持ったタオルをまたぎます。タオルを背後から頭上、そして再び身体の前へ持ってきます。

手と手の間を広く取ると、背中から頭上へ移動しやすくなります。

これができるようになったら、反対まわしにもチャレンジしましょう。

アレンジ 1

アレンジ 2

● 2人で1回転

イラストの1から4の手順で、タオルを持ったまま、2人で身体を回転させます。うまくできたら、逆の動きでもとに戻ります。

1 2人で向かい合い、2本のタオルの両端を持ちます。左足（相手は右足）で、左手（相手は右手）で持ったタオルをまたぎます。

2 身体の向きを変えながら、右手（相手は左手）で持ったタオルを持ち上げます。

3 背中合わせになり、右手（相手は左手）のタオルを、頭上を越して反対側に移動させます。

4 最後に、輪のなかに残った左足（相手は右足）を輪から抜きながら、身体を向き合わせます。

131

あそび 40 おはじきシュート

ねらい >> おはじきをうまくはじくには、指先の使い方、力の入れ具合を調節する必要があります。このあそびを通して、細かい力の調節の仕方を身につけます。また、おはじきが止まるまで目で追うことで、目の使い方を育てます。

基本のあそび方

机の上に、マスキングテープなどでゴールを作ります。ゴールめがけておはじきをはじき、ゴールを通れば成功です。机の向こうへ落ちてしまってもかまいません。

はじき方を練習する

おはじきをはじくのが難しい場合は、はじき方を練習しましょう。自分の手のひらに当てて強さを試したり、親指と人さし指がこすれる「シュッ」という音がなるかどうか聞いたりしてみましょう。

親指の腹に人さし指のつめをのせ、はじくようにする。

最初はゴールを大きめに設定する。大人が手を広げて、受け止めてもOK。

 こんな効果が | **雨の日の室内あそびを充実させる**

室内あそびが充実してくると、雨の日の過ごし方が変わります。特に、テーブルとおはじきさえあればできるような手軽なあそびがあると、友達も集まります。おはじきを指ではじく、近づいてきたおはじきを止めるなど、友達とのやり取りは、こんなところから始まります。

ワンポイントアドバイス 「できた!」の喜びが次の一歩に

はじく動きは、タイミングや強さの調節が必要で、何度か練習をしなければなりません。しかし、できなかった動きができるようになったときの喜びは大きく、子どもの自信や次へのチャレンジにつながります。

こんな子におすすめ
● 固有感覚が鈍感 ▶ P.16、平衡感覚が敏感/鈍感 ▶ P.14

アレンジ1

● ほかのおはじきに当てる

机の上に、おはじきをいくつか置き、おはじきをはじいてほかのおはじきに当てます。すぐそばにあるおはじきに当てられるようになったら、距離を少しずつはなしていきましょう。

アレンジ2

● 円のなかに入れる

机に円をかきます。おはじきを指ではじいて、円のなかにおはじきがおさまるようにします。

1回で入れられるようになるのは難しいので、繰り返し練習しましょう。上手になってきたら、10回行って何個入れることができるか、競い合ってみましょう。

アレンジ3

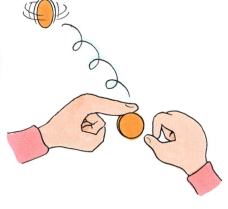

● コマのようにまわす

おはじきを、コマのようにクルクルまわします。まず、利き手ではないほうの人さし指で、立てたおはじきの頂点を軽く支えます。利き手の人さし指でおはじきの面をはじくと、コマのようにまわります。

微妙な力加減が必要な難しい動作ですが、おはじきがうまくまわったときの達成感は大きく、子どもの自信につながります。

あそび 41 コインを入れよう

ねらい 手指でコインを扱うあそびを通して、細かい動きの器用さを高めます。コインを一度にたくさん握ることで、ものを把持する力を高めます。また、コインを指先で送りだす動きができるようになることで、指先の機能がより高まります。

基本のあそび方

1 コイン（小銭）で山を作り、片手でできるだけたくさんつかみます。

できるだけたくさんつかみ、落とさないようにする。

2 落とさないように移動して、あらかじめ用意しておいたトレイの上に置きます。ゆっくり静かに置けるようになることを、目標とします。

手を開くタイミングや力加減を調節しながらトレイに置く。静かにていねいに扱えるように。

こんな効果が！ 水をこぼさないなど日常生活をスムーズに

このあそびでは、手指の細かい動きの調節が求められます。コップの水をこぼさずに運んだり、給食で汁ものやおかずをうまく取り分けたり、工作ではさみを上手に扱ったりと、日常生活をスムーズにすることにつながります。

ワンポイントアドバイス たくさん持つことよりもていねいに取り扱うことを

成果を目に見える形にするために、握ったコインの数を数えることは大切です。しかし、ここでより大切にしたいのは、ていねいな動きを作ることです。音を立てないようにそっと置く、最後まで目で見届けるなど、操作面の向上を評価するようにしましょう。

こんな子におすすめ
● 固有感覚が鈍感 ▶ P.16、触覚が敏感/鈍感 ▶ P.12

アレンジ 1

● 器を小さくする

コインを入れるトレイを、口が手のひらより小さい缶や瓶にかえます。できるだけこぼさないよう、ていねいに入れましょう。

握った手の小指側から少しずつコインを落とす作業を通して、握り加減の調節を学びます。

アレンジ 2

● 等分に分ける

同じ大きさの器を数枚並べます。コインを手いっぱいにつかんだら、それぞれの器に、同じ枚数になるように、コインを分けて入れます。

おおよそのものの重さや量を予測する力を育てることにもつながります。

アレンジ 3

● 貯金箱に入れる

貯金箱（なければ、コインを入れる穴をあけた箱）を用意します。片手でコインをつかみ、1枚1枚指で送りだして、貯金箱に入れていきます。

穴の向きを変え、手首のひねりを加えてできるかどうかチャレンジしてみましょう。

あそび 42 グー・チョキ・パーあそび

ねらい ジャンケンが理解できるようになったら、グー・チョキ・パーと指を動かすあそびを取り入れましょう。言語での指示に合わせてすばやく正しい判断をしたり、左右で異なる動きを取り入れたりしながら、ボディイメージを高めていきます。

基本のあそび方

1 リズムに合わせて「グー」「チョキ」「パー」のどれかを言います。指示どおりにすばやく手を動かします。

2 1を繰り返しながら、ランダムに指示を出していきましょう。リズムを崩さないように手を出します。利き手ではないほうの手でもやってみましょう。

リズムの速さは子どもに合わせて調節を。速すぎたり遅すぎたりして意欲を失わせないように。

こんな効果が！ 聞く力や指示に合わせて行動する力を育てる

人の話を聞くことが苦手な子どもも、このあそびなら動作が伴うので聞こうとします。できるようになってきたら、指示を出す大人が口の形を見せないようにして、言語情報だけを頼りにグー・チョキ・パーを出せるようにするとよいでしょう。

ワンポイントアドバイス 難しいときは「グー」と「パー」から

リズムに合わせて手の動きを変えるのが難しい子の場合、タイミングを合わせることができず、混乱することがあります。そんなときは、「グー」と「パー」は、「チョキ」に比べて作りやすいので、最初はこの2つから始めるなどの工夫を考えましょう。

こんな子におすすめ
- **固有**感覚が鈍感 ▶ P.16、**触覚**が敏感/鈍感 ▶ P.12

●グー・パーのばし

右手をグーにして胸に当て、左手をパーにして前に突きだします。次に右手をパーにして前に突きだし、左手をグーにして胸に当てます。これを繰り返します。常に、胸に当てた手がグー、突きだした手がパーになります。

慣れてきたら、「グーで突きだし、パーで胸に当てる」を繰り返しましょう。

アレンジ 1

アレンジ 2

●1人ジャンケン

自分の右手と左手でジャンケンをします。右手はグー・チョキ・パーの順番で出し、左手は必ず右に勝つように出します。反対の手でもできるか挑戦してみましょう。

●記憶ジャンケン

まず、大人がランダムに「グー」「チョキ」「パー」のどれかを、3つ出して、手を隠します。子どもは瞬時にそれを覚え、リズムよく、同じものを出します。

一時的に視覚情報を記憶する「ワーキングメモリー」のトレーニングです。

アレンジ 3

付録 触覚防衛反応チェックシート

1回目　　年　月　日・2回目　　年　月　日

> 触覚防衛反応として
> 見られやすい姿のリストです。
> チェックの数は
> 重要ではありません。
> 子どもを観察するときの
> 参考にしましょう。

≫ 触覚防衛反応が強い子の典型的な行動・反応

☐☐ 新しい手触りのものに手を出さない。

☐☐ ふれられることを避ける。逃げる。

☐☐ 他人からはなれて座る。近づこうとする人を押しのける。

☐☐ 新しい触感・環境になかなか慣れない。

☐☐ 自分からは人なつっこいかかわりをするのに、
　　 ふれられることをいやがる。

☐☐ ねんど・のり・スライムなど触れないものがある
　　 （ヌルヌル・ベタベタ感が苦手）。

☐☐ たわし・毛糸玉など触れないものがある
　　 （チクチク感が苦手）。

☐☐ ぬいぐるみ・クッションなど触れないものがある
　　 （フワフワ感が苦手）。

☐☐ 砂あそび・水あそび・絵の具あそびをいやがる。
　　 または、逆に固執的に求める。

☐☐ キャラクターなどの着ぐるみを着た大人の存在を怖がる。

☐☐ つめ切り・洗髪・散髪・くしで髪をとかす・口のまわりを
　　 ぬれたタオルでふかれる等をいやがる。

☐☐ 歯磨きされるのをいやがる
　　 （ただし電動歯ブラシならば口を開けることが多い）。

☐☐ 偏食がある。

☐☐ 医者を怖がる。健康診断が苦手。

☐☐ 手を洗うことをいやがる。

☐☐ 靴、靴下をきちんとはけない。うでまくりをいやがる。

☐☐ 体育のゼッケンをつけることをいやがる。

☐☐ 首にメダルをかけることをいやがる。

☐☐ 物なめ、指なめ、つめかみ、鉛筆かじりが頻繁
　　 （退屈した状況や1人でいる状況で出やすい）。

☐☐ 異食がある。

☐☐ プールで水に顔をつけられない。潜れない。

☐☐ 原始的な攻撃（ひっかく、かみつく、など）が出やすい。

☐☐ スプーン・鉛筆などをギュッと握りしめず、
　　 指先で軽くしか持てない。

☐☐ 体温計（わきの下・耳・口）をいやがる。

☐☐ ぼうし・防災ずきんをかぶるのをいやがる。
　　 極端な場合、着がえをいやがる。

☐☐ 手をつながれることをいやがる。

≫ 触覚防衛反応の二次的な影響

☐☐ 周囲に対する不安感が強い。

☐☐ 多動傾向。

☐☐ 大勢の人が集まる状況が苦手
　　 （スーパーなどににおいが混在する場所が苦手なことも多い）。

☐☐ 集団あそびに参加できない。列に並べない。

☐☐ 動きがぎこちない。不器用。

☐☐ 物を操作するときにあまり見ようとしない
　　 （目と手の協応が育ちにくい）。

☐☐ 状況や課題を見ただけで近寄ろうとしなかったり、
　　 言葉や行動で予防線を張ったりする。

☐☐ 未経験なものごとに対する心理的な抵抗が大きい
　　 （逃げる、騒ぐ、やりたがらないなど）。

☐☐ 大人の善意のスキンシップ（抱きあげられる、
　　 頭をなでられる、ほおずりされるなど）が苦手。

☐☐ 場の雰囲気を読みとりにくい。

☐☐ 他者と向かい合う関係、共感関係が築きづらい。

☐☐ 引っこみ思案的な部分が出る場合と、
　　 乱雑な部分が出る場合があり、場面によって変わる。

触覚防衛反応についてチェックする、チェックリスト、三角のレーダーチャート、ボディマップです。あそびに取り組む前にチェックし、1年後、再度チェックして、変化を見てみましょう。付録のページはすべて、コピーして繰り返し利用してください。

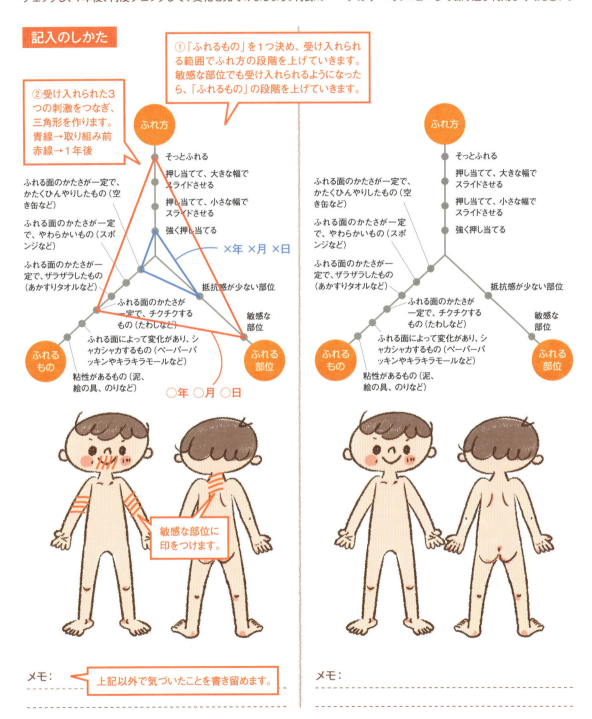

付録 平衡・固有感覚チェックシート❶

≫ 眼振を確認する

平衡感覚への刺激の伝わり具合をチェックします。

1 回転するいすに子どもを座らせます。20秒で10回転（2秒で1回転）させ、回転を止めます。

2 子どもの黒目のところを見て、左右に揺れる時間が何秒続くかをはかります。おおよその目安としては10秒程度で止まります。伝わり方が足りていないとそれより早く揺れが止まり、「平衡感覚が鈍感」ということになります。回転刺激に過剰に反応すると揺れる状態が長く続き、「平衡感覚が敏感」ということになります。

敏感な子には、平衡感覚を刺激するあそびを少しずつ行い、時間をかけて受け止められる刺激の量を増やしていきましょう。鈍感な子には、十分な平衡感覚の刺激を与えるあそびを頻繁に行いましょう。

年 月 日	右 秒	左 秒
メモ：		

年 月 日	右 秒	左 秒
メモ：		

年 月 日	右 秒	左 秒
メモ：		

≫ タンデム歩行をする

平衡感覚・固有感覚の働きをチェックします。

1 床にまっすぐ線を引き、その上をゆっくり歩きます。右足の先に左足のかかとが当たるように1歩出し、次は左足のつま先に右足のかかとが当たるように。これを繰り返します。

2 同じように、後ろ歩きも行います。それぞれ、線からはずれないように何歩歩けるか、記録しましょう。

前歩き　　　　後ろ歩き

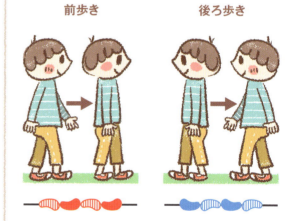

平衡感覚と固有感覚がうまく働くほど、線から外れず、多く歩けます。

年 月 日	前歩き 歩	後ろ歩き 歩
メモ：		

年 月 日	前歩き 歩	後ろ歩き 歩
メモ：		

年 月 日	前歩き 歩	後ろ歩き 歩
メモ：		

その日のあそびの前後に、また、一定期間あそびを続けるときは定期的に、平衡感覚や固有感覚の反応がどのように変化しているか、チェックしましょう。子どもが効果を実感し、自信をもって次のあそびに取り組むことができます。

≫ 図形を模写する

視覚・平衡感覚・固有感覚の連動をチェックします。

上の見本の図形を、それぞれ下の□の中にかき写します。

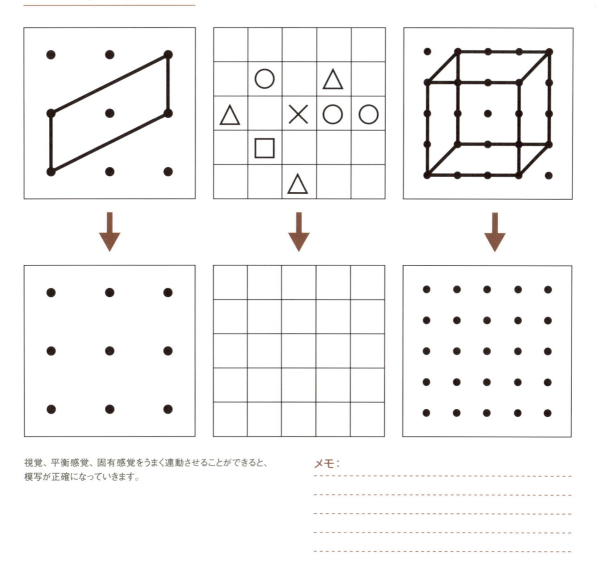

視覚、平衡感覚、固有感覚をうまく連動させることができると、模写が正確になっていきます。

メモ：

付録 平衡・固有感覚チェックシート❷

≫ 片足立ちをする

平衡感覚・固有感覚・視覚の連動をチェックします。

1 両うでを左右に広げてバランスをとり、片足立ちをします。左右それぞれの足で、何秒立っていられるかはかります。

2 両うでを胸の前でクロスさせて、片足立ちをします。こちらも、左右それぞれで立っていられた時間をはかります。

3 1と2を、それぞれ目を閉じて行います。

平衡感覚・固有感覚・視覚がうまく連動して働くと、片足立ちの姿勢を長く保つことができます。

年　月　日		
目を開く・うでを広げる………右足　　秒／左足　　秒		
目を開く・うでをクロス………右足　　秒／左足　　秒		
目を閉じる・うでを広げる……右足　　秒／左足　　秒		
目を閉じる・うでをクロス……右足　　秒／左足　　秒		
メモ：		

年　月　日		
目を開く・うでを広げる………右足　　秒／左足　　秒		
目を開く・うでをクロス………右足　　秒／左足　　秒		
目を閉じる・うでを広げる……右足　　秒／左足　　秒		
目を閉じる・うでをクロス……右足　　秒／左足　　秒		
メモ：		

≫ 円の中央に着地する

主に平衡感覚・固有感覚・視覚の働きをチェックします。

1 床に半径30cmほどの円をかき、円からはなれたところにとび箱のような高さの台を置きます。

2 子どもは台の上に乗り、円のなかに着地できるよう、両足をそろえてジャンプします。

着地したときにひざや手をついてしまう場合は、身体のバランスが保てていないか、ジャンプや着地のときの関節の使い方がうまくできていないというサインです。台の高さや、台と円の距離を広げていきながら、着地の位置や様子を定期的にチェックしましょう。

年　月　日		着地の様子（足の位置）
台の高さ　　cm		
台と円の距離　　cm		
メモ：		

年　月　日		着地の様子（足の位置）
台の高さ　　cm		
台と円の距離　　cm		
メモ：		

定期的に効果を確認することは、次の指導法を探る手がかりになります。「効果が出ていないな」と思ったら、あそびの内容を見直したり、子どものつまずきや取り組みの内容を専門家に伝えてアドバイスをもらったりしましょう。

≫ 国語辞典の冊数を当てる

固有感覚の働きをチェックします。

1 同じ重さの辞書を5冊ほど用意します。子どもは両方の手のひらを上に向けて、辞書を1冊、2冊と順に5冊までのせ、それぞれの重さを覚えます。覚えたら、辞書をすべて下ろします。

2 子どもは目をつぶります。大人は子どもの手のひらに辞書を何冊か置きます。子どもは手に積まれる辞書の重みを頼りに、のせられた辞書の冊数を当てます。

冊数が少ないほど、当てるのは簡単です。5回やって何回当てられるか、記録しましょう。また、1を省略してもできるようになっているか確認してみましょう。

年　月　日	回／5回中
メモ：	

年　月　日	回／5回中
メモ：	

年　月　日	回／5回中
メモ：	

≫ はかりで力をはかる

固有感覚・触覚をチェックします。

1 2kgのはかりを用意します。子どもは目盛りを見て、針が1kgを指すように、台を押します。

2 いったん台から手をはなし、次は目盛りを見ないで、同じ強さで皿を押します。1kgになったと思ったら「ここ!」と言い、大人が目盛りを読みます。固有感覚がうまく働くと、1kgに近づきます。1を省略してできるかどうかも確認してみましょう。

固有感覚・触覚がうまく働くほど、自分がどれくらいの強さではかりの皿を押しているか、把握しやすくなります。

年　月　日	1回目	kg
メモ：	2回目	kg
	3回目	kg

年　月　日	1回目	kg
メモ：	2回目	kg
	3回目	kg

年　月　日	1回目	kg
メモ：	2回目	kg
	3回目	kg

● 監修者プロフィール ●

川上康則（かわかみ・やすのり）

1974年、東京都生まれ。公認心理師、臨床発達心理士、自立活動教諭（肢体不自由）。立教大学卒、筑波大学大学院修了。杉並区立済美養護学校主任教諭。立教大学兼任講師。日本授業UD学会常任理事。肢体不自由、知的障害、自閉症、ADHDやLDなどの障害のある子に対する教育実践を積むとともに、特別支援教育コーディネーターとして、地域の学校現場や保護者などからの「ちょっと気になる子」への相談支援に長年携わってきた。NHK「ストレッチマンV」、「ストレッチマン・ゴールド」の番組委員をつとめる。著書に『〈発達のつまずき〉から読み解く支援アプローチ』（学苑社）、『発達の気になる子の保育園・幼稚園・療育の場でできる感覚統合あそび』（ナツメ社）他多数。

主な受賞歴

2004年 小学館「わたしの教育記録」特別賞
2005年 第54回読売教育賞（障害児教育部門）最優秀賞
2006年 第5回ちゅうでん教育大賞教育優秀賞
2007年 日本肢体不自由教育研究会金賞

● スタッフ ●

- ●本文デザイン／原真一朗（山川図案室）
- ●本文イラスト／常永美弥・やまざきかおり・いとうみき
- ●編 集／安部優子・小菅由美子・清水理絵・小園まさみ・中越咲子・滝沢奈美（以上WILL）・岩崎眞美子
- ●DTP／小林真美・新井麻衣子（WILL）
- ●校 正／村井みちよ
- ●編集担当／梅津愛美（ナツメ出版企画）

本書に関するお問い合わせは、書名・発行日・該当ページを明記の上、下記のいずれかの方法にてお送りください。電話でのお問い合わせはお受けしておりません。

- ・ナツメ社webサイトの問い合わせフォーム
  https://www.natsume.co.jp/contact
- ・FAX（03-3291-1305）
- ・郵送（下記、ナツメ出版企画株式会社宛て）

なお、回答までに日にちをいただく場合があります。正誤のお問い合わせ以外の書籍内容に関する解説・個別の相談は行っておりません。あらかじめご了承ください。

発達の気になる子の
学校・家庭で楽しくできる感覚統合あそび

2015年 5 月22日　初版発行
2025年 7 月 1 日　第20刷発行

監修者　川上康則　　　　　　　　　　　　　　Kawakami Yasunori,2015
発行者　田村正隆

発行所　**株式会社ナツメ社**
　　　　東京都千代田区神田神保町1-52ナツメ社ビル1F（〒101-0051）
　　　　電話　03（3291）1257（代表）　FAX　03（3291）5761　振替　00130-1-58661
制　作　**ナツメ出版企画株式会社**
　　　　東京都千代田区神田神保町1-52ナツメ社ビル3F（〒101-0051）
　　　　電話　03（3295）3921（代表）
印刷所　**TOPPANクロレ株式会社**

ISBN978-4-8163-5831-9　　　　　　　　　　　　　　　　Printed in Japan
〈定価はカバーに表示してあります〉〈落丁・乱丁本はお取り替えします〉
本書の一部または全部を著作権法で定められている範囲を超え、ナツメ出版企画株式会社に無断で複写、複製、転載、データファイル化することを禁じます。

ナツメ社Webサイト
https://www.natsume.co.jp
書籍の最新情報（正誤情報を含む）は
ナツメ社Webサイトをご覧ください。